朕說歷史漫畫
「歷史原來這麼有趣」

朕說・黃桑 編繪

時報出版

朕說歷史漫畫
歷史原來這麼有趣

編　　　繪	朕說・黃桑
主　　　編	王衣卉
企 劃 主 任	王綾翊
全 書 裝 幀	evian

總　編　輯	梁芳春
董　事　長	趙政岷
出　版　者	時報文化出版企業股份有限公司
	一〇八〇一九臺北市和平西路三段二四〇號
發 行 專 線	（〇二）二三〇六六八四二
讀 者 服 務 專 線	（〇二）二三〇四六八五八
郵　　　撥	一九三四四七二四 時報文化出版公司
信　　　箱	一〇八九九臺北華江橋郵局第九九信箱
時 報 悅 讀 網	www.readingtimes.com.tw
電 子 郵 件 信 箱	yoho@readingtimes.com.tw
法 律 顧 問	理律法律事務所　陳長文律師、李念祖律師
印　　　刷	和楹印刷有限公司
初 版 一 刷	2023 年 3 月 17 日
初 版 五 刷	2024 年 8 月 21 日
定　　　價	新臺幣 420 元

原著：《朕說歷史漫畫：歷史原來這麼有趣》
作者：朕說
本書由天津磨鐵圖書有限公司授權出版，通過成都天
鳶文化傳播有限公司代理授權，限在港澳臺地區發
行，非經書面同意，不得以任何形式任意複製、轉載。

時報文化出版公司成立於一九七五年，並於一九九九
年股票上櫃公開發行，於二〇〇八年脫離中時集團非
屬旺中，以「尊重智慧與創意的文化事業」為信念。

歷史原來這麼有趣 !/ 朕說 . 黃桑編繪 . -- 初版 . --
臺北市 : 時報文化出版企業股份有限公司 , 2023.03

328 面 ;14.8*21 公分
ISBN 978-626-353-588-6(平裝)

1.CST: 中國史 2.CST: 通俗史話 3.CST: 漫畫

610.9　　　　　　　　　　　　　　112002465

朕說（絕密）

宮廷檔案

黃桑

一個集傻萌、貪吃於一身的皇帝。日常小機靈、毒舌、聊八卦，資深窮（嘻——）、肥宅，卻胸懷整個天下。

錦衣衛（保鑣）

宮裡的「顏值擔當」，身手不凡，冷酷面癱。原是被派來刺殺黃桑的殺手，卻被黃桑高價收買，成為貼身保鑣。

小太監

善良可愛，敏感細膩。照顧黃桑的飲食起居，是宮裡深得人心的小暖男。

宮廷寵物：然鵝

一隻永遠都吃不飽的鵝。處於食物鏈的最底層，是黃桑的寵物。雖然一直被黃桑欺負，卻幻想著有一天能稱霸皇宮。

宮廷寵物：蛋是

一隻可愛的柴犬。看家護院，宮廷必備。

目錄

孔子：我活得不就
像一隻流浪狗嗎？

一提到孔子，你腦海裡浮現的一定是——

背不出《論語》

老師

教育家

偉大

2000 多年來，孔子所代表的儒家學說，
早就成為中華文明最核心的存在，
這是華人給予孔子的最至高無上的評價。

但是，孔子對自己的評價卻是這樣的——

你看那個人，好像一條狗啊。

沒錯，我活得不就像一隻流浪狗嗎？

謂似喪家之狗，然哉！然哉！

——《史記 · 孔子世家》

朕說歷史漫畫

孔子出生在西元前 551 年。

他家本來是個大貴族，但自從周天子被打趴後，

禮樂崩壞，戰爭四起，什麼貴族王侯都不算數了。

孔子成了一個曾經富過的窮人。

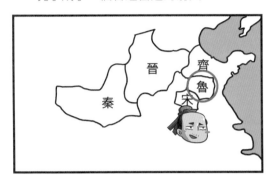

因為**生活所迫**，孔子很小就出來工作。

他給別人當過僕人，當過倉管，放過羊。

在亂世光活著就得用盡全力，普通人哪還能挑工作呢？

吾少也賤，故多能鄙事。

——《論語‧子罕》

生活會因為你努力，就一定對你更好一點嗎？

有時並不會！

孔子 17 歲的時候，與他相依為命的母親去世了。

她是因為生活貧困，操勞過度累死的。

春秋亂世，沒有比死人更常見的事情。

孔子安葬了母親，生活還是要繼續——

19 歲時，孔子**結婚了**，雖然沒房沒車沒有錢。

20 歲時，孔子在簡陋的租屋裡迎來了第一個兒子，

初為人父的他開心極了。

但是隨之而來的是，生活壓力也增加了。

孔子就想著隨便做點副業來賺賺外快。

終於，他曾經的貴族身分發揮了作用。

因為當時只有貴族才識字懂學問，

於是他決定**當老師**。

春秋是一個很神奇的年代，大家不僅在肉體上使勁碰撞，
還在思想上爭論，爭得夠厲害的還很容易獲得王侯當粉絲。
而進入「大亂鬥」殿堂的門票，就是你的學問。

孔子學堂以低廉的學費、
無門檻的入學標準受到了很多人的歡迎，
據說來聽他講課的學生總共達到了 3000 人。

老師地位高，孔子受到了不少學生的推崇，

也算是小有名氣，眼見著即將過上**中產階級**的生活。

但是，孔子覺得自己應該做點什麼，讓這個世界變得更好。

這是一個看起來有些「年輕」的想法。

55 歲這年，孔子拋棄了穩定的生活，

帶著自己的夢想，開始──**周遊列國**。

有個偉大的夢想，很難；完成這玩意兒，更難！

孔子的想法很簡單，**就是愛！**

讓這個世界充滿愛吧！

如果你看見一個粗曠的大男人**在世界的中心呼喊愛**，
還要你一起來愛，你一定會罵他一句「傻子」。
其他人也是這麼想的——

你的想法很好，但是我們真的用不了。

齊景公待孔子曰：「若季氏，則吾不能；以季、孟之間待之。」
曰：「吾老矣，不能用也。」孔子行。——《論語·微子》

我真的太欣賞你了，不如我們看看我老婆南子有多好看吧。

衛靈公

南子

子見南子，子路不說。

——《論語・雍也》

君王們不知道孔子說的是對的嗎？當然知道！

可是在武力能夠快速解決問題的時代，

沒有人願意慢慢治療人心。

這就好比，**跪著能賺大錢**，誰還想站得筆直地窮著。

對於這種傻瓜般的存在，**違反孔子**的理念變成了唯一的政治正確。

孔子真煩，竟敢攔著我們賺錢和打架。

就是就是。

墨子說他：「囉哩囉唆一點都不實用」。

莊子說他：「白學了老子，瞎搞一堆」。

以詆訿孔子之徒，以明老子之術。——《史記・老子韓非列傳》

終於在 68 歲這一年，

孔子碰得頭破血流後回到了魯國。

可是老妻已經死去，獨子也沒活多久。

後悔嗎？**為了一個縹緲的理想付出所有？**

被現實磨平了稜角，該低頭了吧？

不！

既然這個時代沒有人聽孔子的聲音，那麼他就**編書**，

把自己的想法留在文字裡。

他整理《詩》，讓中國最早的詩歌得以流傳下來。

他整理的《書》，後來成為讀書人考試的必修課。

他刪修《春秋》，成就了中國歷史上第一部編年體史學著作。

孔子雖曾被統治者唾棄、冷落，

但後來的統治者卻被他的思想征服。

其思想核心是「仁」，

後發展為以「**仁義禮智信恕忠孝悌**」為核心的儒家思想。

正是因為孔子的「仁愛」，
才成就了整個華人世界的靈魂。

西元前 479 年，
孔子在自己的簡陋住家裡死去。

用現在很流行的一句話形容他很貼切——
出走半生，歸來仍是少年。

正是因為有千千萬萬個孔子這樣的「傻子」，
在民族興盛之時以博大胸懷包容萬象，
在民族危亡之際雖千萬人吾往矣，
所以才有現在中國人的模樣！
2000 多年，滄海桑田，
而孔子的仁愛在全世界華人的思想裡不變不滅。

六經

孔子晚年整理的《詩》、《書》、《禮》、《樂》、《易》、《春秋》，被後人稱為「六經」。

《論語》

孔子去世後，其弟子及再傳弟子將孔子及其弟子的言行和思想記錄下來，編著而成的書。它影響了中國 2000 多年，包括現在，各位愛卿依舊要背誦裡面的內容。

古人為什麼要守孝 3 年？

跟我們現代人不同，古人守喪就要守 3 年。這個習俗是從孔子這裡來的，他認為，「子生三年，然後免於父母之懷。夫三年之喪，天下之通喪也」。也就是說，父母生下孩子，照顧 3 年之後，孩子才能從父母的懷裡落地。那麼，3 年換 3 年，在父母去世後，為父母守孝 3 年，也應該是天下人通守的規矩。

屈原：：端午節起源與我無關，它的年齡比我都大！

一到端午節，
學生和上班族都會以粽子代酒，
感謝他用生命換來的 3 天假期。

屈原先生地下有知，一度想澄清：
端午節起源與我無關，它的年齡比我都大！。
有些學者主動幫了這個忙——

端午節起源：
端午本是吳越民族舉行圖騰祭的節日。而賽龍舟
便是這祭儀中半宗教、半社會性的娛樂節目。至
於將粽子投到水中，本意是給蛟龍享受的……總
之，端午是個龍的節日，它的起源遠在屈原以
前——不知道多遠呢！

所以，屈原只是碰巧在五月初五投江，
愛卿對端午節的誤會，跟以為屈原姓屈一樣深。

屈原不姓屈，但他的一生比竇娥還委屈。
接下來，和朕一起走進「屈原生死倒數 24 小時」。

00：00—04：00
火星嬰兒破蛋記

寅年寅月寅日，木星值班，小屈原呱呱墜地。
他爸姓羋，屈只是一個氏。
羋爸看他生辰不凡，
給他取了個響亮的名字 —— 平，字原。
所以，他叫羋平。

這平平無奇的「平」算什麼好名字？

平＝天，原＝地，由此似乎可見，

芈爸的小小心願是芈平做到天、地、人三統。

2020 年，他心願達成，華人世界也有火箭發射到火星。

爸，你嘴開光了，我何止三統
天、地、人，我還統一了火星。

正，平也；則，法也；靈，神也；均，調也。

言正平可法則者，莫過於天，養物均調者，莫神於地。

——《楚辭章句》

豪門學霸戰鬥記

身為楚國貴族、帝都大少，

屈原拿的是「豪門學霸戰鬥記」劇本，

21 歲就當上了楚國的副手。

而 21 歲的你，還是個大學專業「飯桶」。

簡歷

姓名 羋平（屈原）

性別 男

標籤 楚懷王擁躉

社會經驗

19 歲組織打仗

20 歲當縣長

21 歲集團左右手，上得廳堂，入得廚房

（對內跟楚王規劃楚國五年計劃，對外為外交官）

他白天是上進孩子，下班後是個「斜槓青年」。

他情感豐富，寫下了戀愛神句：帝子降兮北渚，目眇眇兮愁予。

嫋嫋兮秋風，洞庭波兮木葉下。

他文采斐然，對民間祭神樂歌進行
改作或加工，寫成《九歌》：
雷填填兮雨冥冥，猿啾啾兮狖夜鳴。

鼓搗鼓搗花草，
為日後香草名曲《思美人》、《離騷》收集植物標本：
飄風屯其相離兮，帥雲霓而來御。

他自幼就立志做個時尚穿搭教主，致力於推廣奇裝異服：

職場男子宮鬥記

秦國集團壟斷市場，
楚國打不過就跟風變法。

1. 全民種地，多種多獎。
2. 人才內推，多推多獎。
3. 設置楚王信箱：大家跟楚王說句話。
4. 禁貴族結黨，公務員小團體勾結。
5. 滅貴族和公務員不正風氣。

屈原變法

變法分走了貴族和公務員團體的一大塊蛋糕。
於是，屈原成了箭靶，角落裡射來三支冷箭。
射箭人分別是楚懷王的寵妃鄭袖、
楚懷王的兒子子蘭和上官大夫靳尚。
三人組成了「箭人團」。

愛卿們記住箭人團，
他們將一路放冷箭到底。

溫馨提醒

箭人團跟楚懷王告狀，

說屈原在外吹牛，稱集團如果沒有他早就破產了。

楚王被「洗腦」了，

讓屈原降職去當貴族保姆（三閭大夫），負責祭祀和上課。

鬱悶的保姆增加了《九歌》祭祀和神話系列篇幅。

這一年，他 30 歲。

12:00—16:00

流浪中年落魄記 1

得知楚懷王沒了左右手，

秦國派外交官張儀來挑撥離間。

（當時齊楚聯盟，對抗秦國。）

貪小便宜被騙，楚懷王攻打秦國，準備殺了張儀。

張儀賄賂箭人團，為他說好話。

楚懷王智商感人，被勸服後放走了張儀，還答應秦楚聯姻。

屈原事後歸納：張儀就是顆定時炸彈，他會繼續哄騙你。

楚懷王這才醒悟：我又被「洗腦」了！這婚不結了！

剛清醒沒多久，秦國承諾歸還搶占的土地。

楚懷王又心動了，重簽聯姻訂單，再次背叛齊國。

屈原勸阻無效，還因為話太多被流放河南（漢北地區）。

但思念是一種很玄的東西，

哪怕楚懷王判斷值 0、智商 0、貪小便宜值 100，

屈原還激情發送旅途香草攻略《思美人》，思念懷王。

「流浪記」《楚辭》，正式開寫，

哪怕在旅途中看到一個橘子，屈原也能來篇《橘頌》。

—— 南《楚辭》開始抗衡北《詩經》。

屈原在那邊睹草思懷王，懷王在這邊水深火熱。

楚國被聯盟國圍剿，被秦國反殺。

屈原越想越鬱悶，又寫了自傳《離騷》：

所有女人都嫉妒我是香草美人，滿世界罵我，但我就是長得好看。

與此同時，我還是個「富二代」，

我人美業務力強，楚懷王為什麼不重用我？

眾女嫉餘之蛾眉兮，謠諑謂余以善淫。——《離騷》

紛吾既有此內美兮，又重之以修能。——《離騷》

流浪中年落魄記 2

6 年後，流浪兒屈原回家了。

恰逢秦王約楚懷王去秦國見面，屈原等人以「虎狼之國不可信」苦勸楚懷王不要去，然而楚懷王在箭人團的慫恿下，執意赴約。楚懷王這一去，卻沒能活著回來。

楚懷王命喪秦國，各國也開始把秦國當成威脅。

這本是楚國打翻身仗的好時機，

結果箭人團又出餿主意，讓剛上任的楚頃襄王跟秦國和好。

屈原連發幾篇推文，譴責箭人團的迷惑行為，

遭到箭人團報復，被流放到安徽（江南地區）。

屈原三觀崩塌，躺在異鄉草地上，

問天問地問祖宗，發出了《天問》：

宇宙從哪裡來？楚懷王為什麼討厭我？

太陽星星為什麼不掉下來？楚懷王為什麼不相信我？

白天和黑夜是怎麼輪班的？楚懷王為什麼捨得拋棄我？

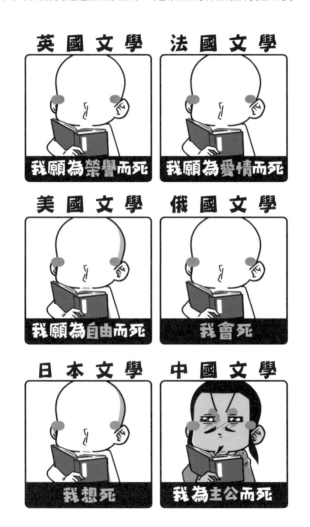

《老人與海》

屈原流浪了 18 年，10 萬個為什麼無人能解，
還看著楚國一步步腐敗、被欺負、走向滅亡。
屈原恨自己無能為力，抱著石頭跳進了汨羅江。
他等不到水落石出的一天了，畢竟楚懷王也不在了。
鐘聲敲響，屈原卒。

有人說他矯情，幸好他寫下了遺書《漁父》──
楚國版《老人與海》。

舉世皆濁我獨清，眾人皆醉我獨醒。──《漁父》

安能以皓皓之白，而蒙世俗之塵埃乎！──《漁父》

滄浪之水清兮，可以濯吾纓；
滄浪之水濁兮，可以濯吾足。──《漁父》

對啊，裝醉就好了，為什麼要自殺？裝醉的話，哪來的《離騷》？
裝傻就好了，怎麼會被流放？裝傻的話，哪來的流浪記《楚辭》？
這些都是「三不大夫」屈原用不服、不妥協、不同流合汙換來的。

路漫漫其修遠兮，吾將上下而求索。

對抗痛苦的祕訣，就是痛苦本身──文王拘而演《周易》；

仲尼厄而作《春秋》；屈原放逐，乃賦《離騷》；

左丘失明，厥有《國語》；孫子臏腳，兵法修列；

不韋遷蜀，世傳《呂覽》；韓非囚秦，《說難》、《孤憤》。

鋼鐵是怎麼煉成的？

就是這麼煉成的，本黃・鋼鐵人・桑親身試法。

國庫虧空，乃發奮趕稿！

屈原

　　戰國時期楚國詩人、政治家、中國浪漫主義文學奠基人，代表作有《離騷》等。屈原曾任左徒（既是外交官，又能跟君王商量國事）、三閭大夫（主要是主持祭祀）等職。屈原的理想很豐滿，他宣導「美政」，主張舉賢任能，修明法度，聯齊抗秦。但現實太讓人沮喪，他遭貴族誹謗而被流放。在楚國都城被秦軍攻陷後，屈原投汨羅江而亡。

「連橫」外交

　　「連橫」（張儀提出）是戰國時期的外交策略，與「合縱」（蘇秦提出）對應。戰國時期，據說「南北向」稱為「縱」，「東西向」稱為「橫」。秦國位於西方，六國位於其東。也就是說，六國（南北走向）聯合一起對抗秦國，就是「合縱」，秦國為了瓦解六國，假裝和六國中的國家合作，就是「連橫」。

司馬遷：這世界還有我的容身之所嗎？

西元前 99 年，

一個叫司馬遷的人正面臨著一次對歷史有重大影響的──

社會性死亡。

用了宮刑，那不能算我們男人吧！

你成了太監，是宦官，不能算是我們朝廷裡的官員！

正經的知識分子，誰去當太監啊！

因為宮刑，原本有著康莊大道般前途的司馬遷，

被所有階層排斥，失去了所有的尊嚴，

這個世界上好像沒有了他的容身之所。

是的，司馬遷原本是很快樂的。

小時候，司馬遷跟老爸司馬談的關係就很好。

在老爸的指導下，

他 10 歲就能背誦很多經典書目，成為「別人家的好孩子」。

年紀大了一點之後，司馬遷就到處旅遊，各處遊歷。

讀萬卷書，行萬里路。

累了就回到父親身邊，子承父業，當官。

按道理，只要司馬遷埋頭苦幹，

兢兢業業，按規矩辦事，前途簡直就是一片光明。

偏偏他老爸在死的時候對他說了一些話——

余先，周室之太史也；自上世嘗顯功名於虞夏，典天官事。後世中衰，
絕於予乎？汝復為太史，則續吾祖矣……汝其念哉！

——司馬談《命子遷》

司馬遷果然很聽他老爸的話，後來當了史官。

不過，他的心願卻跟他爸爸有些不同——

既然來都來了，既然寫都寫了，那就先定個小目標，將從古至今 3000 多年的歷史都記錄下來。

究天人之際，通古今之變，成一家之言。

——司馬遷《報任安書》

偏偏，司馬遷遇到了李陵事件——

在匈奴侵犯漢朝疆土的時候，

漢武帝派李陵帶領 5000 步兵，

跟匈奴 3 萬兵力（後增援到 11 萬）對打，

結果，李陵被俘。

李陵這件事，大家怎麼看？雖然是我答應他派 5000 步兵，但是怎麼看責任都不在我身上吧！

漢武帝

都、都、都是李陵的錯！

李陵就只帶了 5000 步兵，殺那麼多敵人已經很勇了，而且他一心一意報效國家，說不定是詐降啊！

喔，那你的意思就是我的錯囉⋯⋯

因為替李陵說話，司馬遷被降罪，

此時，他面臨三個選擇——

司馬遷，這三個你選一個吧：死刑、給 50 萬錢（司馬遷的年薪也就約 2 萬錢）、宮刑！

書還沒寫完，沒錢，我還有的選嗎……

司馬遷曾經把人受的「辱」分成九等，宮刑是最能侮辱人的。

大部分知識分子的偶像孔子，

因為衛靈公（衛國國君）跟太監坐在一起，

就十分嫌棄，連忙跨國出走。

受辱之後，司馬遷在家都精神恍惚，出門更不知道往哪裡走。

每當想起來，他就冷汗直冒，衣服都濕了。

愛卿們碰上社會性死亡的事情，還能連夜逃出自己所在的城市，而司馬遷走不了……因為他要記錄的就是他身邊發生的歷史！

朕說歷史漫畫

是以腸一日而九回，居則忽忽若有所亡，出則不知其所往。每念斯恥，汗未嘗不發背沾衣也！

——司馬遷《報任安書》

被整個社會拋棄，司馬遷卻因此親身感知到，

最底層的社會人究竟是怎麼生活的。

他把他的苦難轉變成另一種視野，去看待歷史，

去看待歷史中的每一個人物。

司馬遷，變得跟其他史學家不一樣了。

他用紀傳體（以人物為中心）寫史，

開創了史傳文學的先河。

他填補了中國歷史上許多人物歷史的空白，

如他在《孔子世家》裡第一次完整描述了孔子的一生。

他不僅給帝王將相立傳，也寫刺客等身分「不入流」的人。

因為他自己經歷過，

知道忍辱負重是怎樣的感受，

所以在《季布欒布列傳》中，他寫季布遭受刑罰為人做奴僕時

感同身受，知道這需要多大的勇氣。

在這之前，沒人能理解這些人物。

因為司馬遷，他們的故事才流傳至今。

當初他維護李陵的那份勇氣並沒有消失，

他對皇帝的殘忍、專制有了新的認識，

所以寫帝王的時候，他批評劉邦、漢武帝批得十分尖銳。

而更重要的是，

司馬遷在《史記》130 篇文章中所傳遞的叩問——

朕
說
歷
史
漫
畫

正是有這樣強有力的叩問，

我們才有「位卑未敢忘憂國」，

才有「人生自古誰無死？留取丹心照汗青」，

才不斷有為國為民的英雄產生。

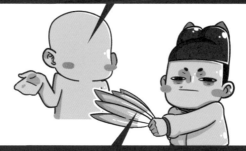

可是黃桑，隨著對清華簡和《竹書紀年》研究的深入，《史記》的一些記錄讓人不得不懷疑其真實性，那《史記》還可以讀嗎？

史學家在記錄歷史時，往往會加入自己的一些思考，比如司馬遷幾乎在每篇文章後面都會加上「太史公曰」，表達自己的想法。

雖然司馬遷在寫作時會帶有個人情緒，

但還是會記錄下基本事件，對劉邦，雖然司馬遷有批評，

但還是寫了他謀略過人。

雖然他不喜歡霍去病，但也不迴避霍去病的功勳。

我是討厭他們，但他們的好，
該寫還是要寫的。

現在《竹書紀年》之類的史料被深入研究，
能夠幫助我們相對全面地去看待歷史。

不過，司馬遷在寫《史記》的時候曾是，
「網羅天下放失舊聞，略考其事，
綜其終始，稽其成敗興壞之紀」。

他留給我們的，還有一份對資料的質疑，
正因為質疑，所以才去考據。

這份質疑跟考據在今天仍然需要去解決，愛卿們在閱讀《史記》時，可以搭配新發現的歷史資料進行新的思考！

魯迅稱《史記》為「史家之絕唱，無韻之離騷」。

《史記》裡那些獨特的人物，

以及這些人物對我們中華精神文明的影響，

是其他史料記載所不能及的，

而寫這些人物「舒其憤」的充滿個性的司馬遷，

誰能不愛呢！

司馬遷

　　西漢史學家、散文家。司馬談之子，曾任太史令，因替李陵敗降之事辯解而受宮刑，後任中書令。司馬遷創作了中國第一部紀傳體通史《史記》，該書被魯迅譽為「史家之絕唱，無韻之離騷」。

二十四史

　　中國古代 24 部史書的合稱，自黃帝始，到明崇禎 17 年止，包括《史記》、《漢書》、《後漢書》、《三國志》、《晉書》、《宋書》、《南齊書》、《梁書》、《陳書》、《魏書》、《北齊書》、《周書》、《隋書》、《南史》、《北史》、《舊唐書》、《新唐書》、《舊五代史》、《新五代史》、《宋史》、《遼史》、《金史》、《元史》和《明史》，涵蓋我國古代政治、經濟、軍事、思想、文化、天文和地理等各方面內容。

《竹書紀年》

　　中國古代編年體史書，因原本寫於竹簡上而得名。全書共 12 篇，記述了夏、商、西周、春秋時晉國和戰國時魏國史事，至魏襄王 20 年（西元前 299 年）為止。它所記載的「太甲殺伊尹」「文丁殺季曆」等，與傳統的史書記載有出入，是現今所知起始時間最早、編纂時限最長的編年簡史。

阮籍：集美貌、智慧於一身的高冷男神！

瞭解一個人，不能看他做了什麼，
更不能看別人說了什麼。

比如，提起美男子，你第一時間想到阮籍。
課本上說他容貌瑰傑，你深信不疑，
結果配圖給了你致命一擊。

先別嘲笑了，好看的皮囊千篇一「朕」，有趣的靈魂萬裡挑一，今天先來聊一聊阮籍的奇葩靈魂。

阮籍，一個高貴冷豔的美男子，
天賦異稟，8歲擅寫小短文，
熟讀《莊子》、《老子》等哲學經典。

那麼，他逍遙自在、超然物外了嗎？

並—沒—有！

在阮家軍眼裡，阮籍專給人惹麻煩，
就用「吉祥三寶」，只敢暗地裡給予反擊。

一醉　二哭　三吹哨

魏晉政局混亂，在這個人人為求一份聘書，
在曹氏＆司馬集團的招聘會上跑斷腿的年代，
阮籍卻為了躲聘書各種裝傻。

阮籍

家庭背景	爸爸阮瑀（曹操祕書，建安七子之一）
個人優勢	誰能拉我入隊，誰的火力就爆增
社會經驗	多次拒絕全球前500大企業聘書

曹氏連發了兩份聘書，阮籍連裝兩次病，逃回鄉下，
還連發了兩篇經典辭職信 *，信中還不忘曬出自己的才能。

曹老闆，我只是一個普通的「官二代」，雖然 8 歲會寫文，但學識淺陋、愚昧無知，沒有社會影響力，沒有高尚德行，和你治世理念不符，哪能做你的左右手呢？忘了我吧。

事業牌撬不動阮籍，司馬家打感情牌：
跟阮籍做親家，娶他寶貝女兒。

什麼？！說好一輩子當我老公，你卻偷偷生了女兒？

阮籍女粉絲

* 《辭蔣太尉辟命奏記》和《辭曹大將軍辟命奏記》。

這是想用婚姻綁住他？

沒——用！

阮籍天天買醉，一醉就是 60 天。
司馬家連提親都沒機會。
感情——卒！

文帝初欲為武帝求婚於籍，籍醉六十日，不得言而止。
——《晉書 · 阮籍傳》

得不到的永遠在騷動。
司馬懿掌握曹魏政權後，請阮籍做從事中郎，
他拒絕不了，就帶薪買醉。
凡是司馬家有派對，阮籍都會參加，並喝到爛醉如泥。

最好能醉到被炒魷魚。

這個帶薪喝酒、不務正業的人，

喝成了拆遷部門主任＆開放辦公室第一人。

他把衙門中相互隔開的牆壁全拆了，

工作公開透明，同事互相監督，極大提高了效率，

鐵粉李白還寫詩誇他先進：

剖竹十日間，一朝風化清。

阮籍聽說步兵校尉的廚中有好酒，於是求取步兵校尉一職。

每天帶薪喝酒，不問世事，

後輩尊稱他為阮（摸）步（魚）兵（王）。

下班後，阮籍又到隔壁老王家買醉，

喝醉了就躺在嫂子身旁，一點都不避嫌。

嫂子一邊賣酒一邊照顧他，

幸好老王知道老阮坦坦蕩蕩，並沒有追打他。

就是這個人，就是這個人，不知羞恥。

咦——

平民 平民

這些禮法是為有非分之想的人設立的，我又沒那想法，不要道德綁架我。

鄰家少婦有美色，當壚沽酒。籍嘗詣飲，醉，便臥其側。

籍既不自嫌，其夫察之，亦不疑也。

——《晉書·阮籍傳》

阮籍班沒白上，酒也沒白喝，

他寫的《酒狂》那叫一個狂，

不會喝酒的人，一聽到這首曲子，

立刻不省人事，省了買酒錢。

難得清醒時，阮籍跑去自駕遊，
一路向北，開到無路可走，
開始哭喊：老百姓生活真苦！！！
我真沒用！！！

時率意獨駕，不由徑路，車跡所窮，輒慟哭而反。
——《晉書・阮籍傳》

迷路哭也就算了，一個未婚陌生女子去世，
阮籍也去哭啼啼，哭得像死了自己老婆一樣。

兵家女有才色，未嫁而死。籍不識其父兄，徑往哭之，盡哀而還。
——《晉書・阮籍傳》

到了必哭環節，他偏不哭。

知道老媽去世的消息時，阮籍正在下棋。
他面無表情地把棋下完後，才去奔喪。

賓客哭成一片時，他也沒哭，
而是先飲酒二斗，後才舉聲一號，並吐血數升。

等到老媽快下葬時，他還在吃肉喝酒。
等到老媽下葬時，他趴在棺材上痛哭，當場吐血。

大家罵他不守孝道，
司馬昭和名流**裴楷**卻替他說話：
他只是表達傷心的方式跟俗人不一樣。

母親去世，阮籍沒哭，還吃肉喝酒，不守孝道！

平民　平民

禮法是用來約束自己的，不是來綁架別人的，我們要允許別人有不一樣的傷心方式。

別看他愛哭，他更愛到處批評時局，尤其是在人多的旅遊景點。

比如，在楚漢爭霸古戰場，他怒喊：

這世道沒有英雄，才讓小人成名。

楚漢爭霸

你們這些小人！

嘗登廣武，觀楚漢戰處，嘆曰：

「時無英雄，使豎子成名。」——《晉書．阮籍傳》

哪怕生不逢時，遇人不淑，阮籍也絕不媚上，

寫了一組彪炳千古的詩篇——

《詠懷八十二首》。

他在詩歌裡陰陽怪氣，讓李白、王維學了半輩子。

塵世的羈絆寫不完，阮籍又追加了自傳《大人先生傳》。
詠菊詩人陶淵明受此啟發而作《五柳先生傳》。

寫自傳無人懂，他練口哨，打算悄悄驚豔全世界。
口哨這玩意兒，講究精神交流，懂的人自然會懂，
在司馬昭的派對上，大家都乖乖聽他吹牛。

只有阮籍盤腿吹口哨，
即便罵人，也無人聽懂。

晉文王功德盛大，坐席嚴敬，擬於王者。
唯阮籍在坐，箕踞嘯歌，酣放自若。
——《世說新語》

阮籍口技了得，一傳就是幾百步遠，
堪比楊過呼喚大鵰。
吹著吹著，吹出了「嘯樂」，發展成了一項音樂藝術，
還組了一支阿卡貝拉（純人聲）樂隊——**竹林七賢**。

來和我組隊歡唱吧！

陳留阮籍、譙國嵇康、河內山濤，三人年皆相比，康年少亞之。

預此契者：沛國劉伶、陳留阮咸、河內向秀、琅邪王戎。

七人常集於竹林之下，肆意酣暢，故世謂竹林七賢。

——《世說新語 · 任誕》

口哨這項傳統經典藝術，重則文化交流，
輕則罵人不帶髒字。要是想光明正大地罵人，
阮籍就切換到翻白眼模式。

在他老媽的喪禮上，嵇康的哥哥——嵇喜來弔唁，
哭得跟死了親媽媽一樣。

由於嵇喜愛抱皇帝的大腿，阮
籍當場賞了他一個白眼，一點
面子都不給。

籍又能為青白眼，見禮俗之士，以白眼對之。

——《晉書 · 阮籍傳》

憑這個翻出天外的白眼，他又收穫了一個「鐵粉」—— 曹雪芹。

他的字就叫夢阮，阮籍的阮。

同樣是如履薄冰的時代，他們都暗自倔強地不同流合汙。

曹雪芹把阮籍這股不同流合汙的骨氣，注入了賈寶玉的血液。

對於看不慣的事，阮籍用白眼默默斥責，不能斥責就躲，

堅決不同流合汙，成了魏晉難得善終的人。

曾經有這麼一句話：

有的人，死了就什麼都沒有了。

但有的人，死了便有了一切。

所謂死得其所，就是告訴世人確實有人抵抗過，

從而給世人精神上的支持。

對於不屑的事，你可以正面反擊，
也可以暗地裡反擊，都是為了那一份不同流合汙的骨氣，
都是為了後世灑熱血時有份說得上來的勇氣。

這份勇氣的代表就是集奇葩、哲學、高冷、熱血、不羈、脆弱
於一身的阮籍。

知識站

竹林七賢

　　三國時期的一個「偶像團體」，代表人物有嵇康、阮籍、山濤、向秀、劉伶、王戎和阮咸七人，因為這七個人常常在竹林下一起討論、喝酒，所以被稱為「竹林七賢」。這個「偶像團體」主修玄學。

建安七子

　　漢末建安時期的一個「偶像團體」，是七位文學家的合稱，他們是孔融、陳琳、王粲、徐幹、阮瑀、應瑒和劉楨。建安時期，「三曹」（曹操、曹丕和曹植）帶兵打仗一把罩，寫出的東西也特別優秀。除了三曹，建安七子也不差，他們對這一時期的詩、賦、散文的發都有巨大貢獻。

魏晉玄學

　　跟各位愛卿玩遊戲抽卡時所用的玄學不一樣，這裡的玄學是魏晉時期出現的一種崇尚老莊的哲學思潮，與世俗所謂玄學、玄虛不同。魏晉時，人們將《老子》、《莊子》、《周易》合稱為「三玄」，將《老子》和《莊子》視為「玄宗」，也就是經典中的經典。魏晉玄學的主要代表人物有何晏、王弼、阮籍、嵇康、向秀和郭象等。

王羲之：書法真跡
為什麼徹底消失了？

東晉，永和 9 年，

在一個叫蘭亭的地方，

一群悠閒的文人聚在一起，來了場聚會。

喝到興頭上，王羲之同學大筆一揮，

寫下了一幅流傳千古的書法作品——《蘭亭序》，

也叫《蘭亭集序》。

但眾所皆知，

《蘭亭序》的真跡如今早已失傳，

不知所終。

而且事實上，不只《蘭亭序》早已失傳，

王羲之的**全部真跡**，早已盡數消失。

《快雪時晴帖》也失傳了？！

早就失傳了……

那麼問題來了：王羲之的真跡究竟是怎麼失傳的？
近 2000 年來到底發生了什麼事？

今天，朕就要帶你們來
揭祕這背後的故事……

早在 東晉時期 ，
王羲之還在世的時候，他的書法作品就已經非常出名，
有著**書成換鵝**的逸事，引起了大量粉絲**跟風追捧**收藏。
本來這並不是什麼壞事，直到第一個**敗家子**出現，
一切就發生了變化。

哼！居然說我傻！

就是這個地主家的**傻兒子**。

桓玄

朕說歷史漫畫

東晉末年，大司馬桓溫的兒子桓玄，

就是一個標準的**王羲之鐵粉**，

靠著**逼奪**收集了大量王羲之的真跡。

後來，桓玄操縱朝政，妄圖篡位，

最終失敗，被人一路追殺。

士兵

快追，絕不能讓那個壞傢伙帶著東西溜了。

桓玄

066

結果逃到長江邊時，桓玄抱著**報復**的心理，

一不做，二不休，乾脆將收集來的所有王羲之的書法作品，

一併投江銷毀。

桓玄所處的年代距離王羲之的時代最近，

也是王羲之書法**真跡和數量最多的年代**，

但同時也是王羲之真跡**損失最大的時期**。

後來到了 南北朝時期 ，

出現了另一個王羲之鐵粉，

他就是梁武帝蕭衍。

根據相關史料記載，

梁武帝窮極一生，

一共收集了二王書跡 78 帙 767 卷。

我的夢想是做一個王羲之的一比一等身人偶。

梁武帝

皇上醒醒，別再做夢啦！！

梁武帝尤好圖書，搜訪天下，大有所獲，……

二王書大凡 78 帙，767 卷，

並珊瑚軸織成帶，金題玉躞。

——張懷瓘《二王等書錄》

在那個時候，王羲之書法真跡已經不多見，而且造假非常嚴重。

梁武帝就經常在宮中向陶弘景諮詢王羲之書法的真假問題，

還曾讓人用王羲之的字編成《千字文》。

在推行王羲之書法這件事上，很慚愧，我只是做了點微小的工作。

但令人意外的是，
後來這批書法雖然躲過了「侯景之亂」，
卻沒躲過梁武帝子孫造的孽。

西元 554 年 ，西魏圍城。
梁元帝在出城門投降之前，

腦子突然短路，
和 100 多年前的桓玄想到了一起。

梁元帝想著肥水不落外人田，一不做，二不休，
直接縱火將包括二王書法在內，
梁朝幾十年來的圖書珍藏盡數焚燬。

在這次可怕的行動中，南梁損失圖書共計 14 萬卷，
其中王羲之真跡不計其數。

可以說，這次是除桓玄那次外，

王羲之真跡損失最大的一次。

但王羲之真跡流失的情況還遠遠沒有停止。

從魏晉南北朝到隋朝，再到唐初，

王羲之的書法作品在政權更迭中不斷輾轉流失，

越來越少。

大業末，煬帝幸江都，祕府圖書，多將從行，中道船沒，大半淪棄，其間得存，所余無幾。弒逆之後，並歸宇文化及。至遼城，為竇建德所破，並皆亡失。留東都者，後入王世充。世充平，始歸天府。

——張懷瓘《二王等書錄》

到了唐朝唐太宗時期，
能搜集到的王羲之真跡數量已經大不如前了。
唐太宗就試過重金求購王羲之真跡，
還從智永和尚的弟子辯才和尚手中騙來了《蘭亭序》真跡。

讀書人的事又怎麼能叫騙呢？這叫智取。

唐太宗

也正是從這個時期開始，《蘭亭序》先後出現了多個摹本，
其中又以馮承素的神龍本品質最高。

根據相關記載，
唐太宗搜集來的王羲之書法真跡一共有 2290 卷，
他在每一張書法真跡上都加印上了「貞觀」小印。

後來，唐太宗在駕崩前，吩咐自己的兒子唐高宗，
要把《蘭亭序》墊在他的腦袋下，陪著他一起下葬。

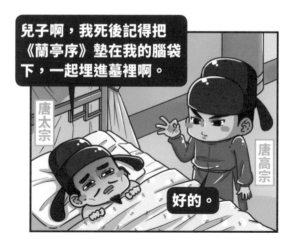

這也是歷史記載裡，
清晰記載《蘭亭序》真跡下落的最後一次。
到五代十國時期，有一個盜墓狂人溫韜，
將唐陵幾乎盜遍了，就連唐太宗的墓也沒有放過。

連唐太宗的墓都盜，可惡！

但在他的盜墓品目錄裡，並沒有出現《蘭亭序》的名字，
不知道是故意沒登記，還是唐高宗私藏了。
總之，《蘭亭序》就這樣徹底消失在了歷史長河中。

後來，隨著北宋的靖康之難，宋徽宗和宋欽宗，
連帶著宮裡的大批珍稀文物，都被金軍一起擄走。
至此，世上就再也沒有王羲之的書法真跡了。

朝代更迭，歷史變遷，本來書法這種紙質文物就很難保存，

那些順利傳承下來的神作，我們就更應該保護。

比如《祭姪文稿》，它是唐代書法家 顏真卿

為了紀念在安史之亂中被殘忍殺害的顏杲卿、顏季明父子倆所作，

被譽為 天下第二行書 。

從唐朝到今天，歷經了千年的風風雨雨，
《祭侄文稿》至今仍舊保存良好，不得不說是一個奇跡。

雖然如今我們已經見不到王羲之的書法真跡，
但他對書法藝術的追求卻永遠貫穿在整個中華文化中，
激勵著一代代書法藝術家。

知識站

王羲之

東晉大臣、大書法家，被後人稱為「書聖」，所撰寫的《蘭亭序》，被稱為「天下第一行書」。在書法史上，他與鐘繇並稱「鐘王」，與其子王獻之合稱「二王」。

入木三分

有一次，東晉明帝到京都北郊覆舟山祭祀土地神，讓王羲之把祭文寫在木質祝板上，再命人雕刻。沒想到，王羲之的筆力太過強勁，雕刻者把木頭剔去一層又一層，發現王羲之的筆痕深入木板，直到剔去三分厚才能見到白底！雕刻者於是感嘆道：「入木三分！」後來，「入木三分」一詞就用來比喻書法剛勁有力或分析問題較為透徹。

王羲之與大白鵝

大家都知道，王羲之非常喜愛鵝。當時，會稽有一個老婦人，養了一隻善於鳴叫的鵝，王羲之本來想買卻沒買到。買不到看看總可以吧。於是，王羲之就帶著親友駕車去看鵝。老婦人聽說王羲之要來，便把鵝宰了招待王羲之，王羲之因此鬱悶嘆息一整天。後來，山陰有位道士也喜歡養鵝，王羲之因為有了前車之鑒，前去觀看時就堅決要求將這些鵝買回去。道士說：「只要你能為我抄寫《道德經》，我就把整群鵝都送給你。」王羲之一聽，興高采烈地急忙書寫完，然後用籠子將鵝全帶回了家。

陶淵明：誰不是一邊吐槽，一邊熱血地活下去呢？

現代人總愛說，
「混不下去就回老家種田」，
但其實——

什麼爛工作。

賺錢要緊，賺錢要緊。

當大家只停留在說說而已的階段時，
有個人還真的就回家種田了。
沒錯，他就是大家最熟悉的
和五柳炸蛋沒有關係的五柳先生。

雖說陶淵明辭官種田的行為很酷，
認真務農的樣子很帥，但種出來的結果卻是一言難盡。
他以自身經歷告訴我們，
不努力看看，怎麼會知道天賦有多重要呢？

雖說種田沒天賦，但寫詩的天賦倒是得到充分發揮。

那些讓你背到深夜的詩，他多少都有參與。

那些必背篇目展示著田園的寧靜美好，

讓人天真地以為陶淵明是「一次上班不滿意，從此裸辭種田去」，

但其實陶淵明前前後後當過五次官。

在沒有科舉的東晉，想當官基本上是「靠爸」，而陶淵明能拚的，

只有自己爸爸的爸爸的爸爸──他的曾祖父陶侃。

陶侃在東晉時期位及大司馬，

那在當時可是武官裡排名最高的職位。

但是，陶侃出身寒門，爬那麼高全憑自身素質夠硬，

不僅沒那麼多家族利益勾當，

還因為和瑯琊王氏搞得不太愉快而受到打壓。

所以，陶淵明的做官路打一開始就不好走，

到 29 歲才第一次當官──江州祭酒。

然而，陶淵明的直屬長官是王凝之。

沒錯，看到王姓，你就應該猜到，

他和那個打壓陶淵明曾祖父的瑯琊王氏有關係。

陶淵明自然做得不太爽，加之王凝之還是個狂熱教徒，

那個教叫「五斗米教」，

陶淵明深感這人思想有問題，不屑於在他手下幹活，

沒幾天就裸辭不伺候了。

親老家貧，起為州祭酒，不堪吏職，少日自解歸。

——《晉書 · 陶潛傳》

陶淵明的感覺還真沒錯。

王凝之在後來的戰役中，非常莫名地相信自己會有鬼兵助陣，

直接不設城防，然後死於亂軍之中。

官屬請出兵討恩，凝之曰：

「我已請大道，借鬼兵守諸津要，各數萬，賊不足憂也。」

——《資治通鑒》

在那之後不久，他們州的州官又想叫他回去做文字工作。

陶淵明腦子裡冒出了前長官的身姿，想了想，果斷選擇——

州召主簿，不就。——《宋書・陶潛傳》

等到 4 年後，陶淵明終於迎來了第二份工作，
而這份工作，依舊和他的曾祖父有著千絲萬縷的聯繫，
大概關係如下圖：

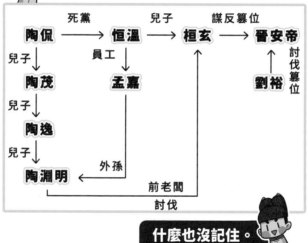

簡而言之呢，就是陶淵明的曾祖父有個死黨叫桓溫，
而桓溫有個孩子叫桓玄，是個熱血男兒。
陶淵明尋思這平淡的人生也該來點熱血的事，
便到了他手下工作。
他開始負責替情報員送信的工作，一做就是 3 年。

這是陶淵明做過的最長的一份工作，不過 3 年後他還是裸辭了，
倒不是嫌棄老闆，而是母親去世，得去服喪。

他沒想到的是，在他服喪的 3 年裡，天說變就變了。

服喪第一年，皇帝和桓玄開打；

服喪第二年，桓玄篡位；服喪第三年，桓玄被劉裕討伐。

啊這……我就服個喪，
你們已經玩這麼大了嗎？

本意想和前老闆一起熱血，讓國家變得更好，沒想到前老闆直接篡位。

於是，陶淵明加入了討伐前老闆的行列，

先後當了劉裕、劉敬宣的參軍，意圖恢復秩序。

但沒想到的是，討伐前老闆的劉裕後面也篡位了，建立了劉宋王朝。

奇怪，我怎麼覺得你們這是在玩我？

這一系列的操作，把陶淵明的心態真的搞崩壞了，

一會兒是「亂臣賊子黨」，

一會兒是「討伐亂臣賊子黨」，他進退都很難。

奈何前面的工作次次都是裸辭，

家裡沒礦又沒積蓄，只好繼續工作。

這次他不跟那幫人一起亂搞，選擇安安靜靜地在彭澤當個縣令。

官再小，躲再遠，官場應酬免不了。

有次上頭派人來視察工作，那陣仗和排面都做得足足的。

身為縣令的陶淵明，即便不太樂意，

還是得動身去見見這「大人物」。

身邊的人瞧見陶淵明穿著套家居服

就準備出門見人，立刻表示——

不是吧，大人，你穿成這樣以為是
去和朋友聚餐啊，官服穿起來啊，
你不嫌丟臉、不怕丟了工作啊。

郡遣督郵至，縣吏白應束帶見之。——《宋書·陶潛傳》

陶淵明本身就不喜歡做這些事，
聽了這話更是直接被戳中怒點，直接一句：
我不能為五斗米向鄉里小人折腰。

自此，陶淵明結束了僅 80 來天的
人生的最後一份工作，開啟了種田模式。

潛嘆曰：「我不能為五斗米折腰向鄉里小人。」即日解印綬去職。
——《宋書·陶潛傳》

說起這五斗米，大家不覺得很眼熟嗎？
沒錯，它就是陶淵明第一任長官王凝之信的那個教！
王凝之差勁到
陶淵明連辭去最後一份工作時都不忘吐槽他。
這倒也不奇怪，畢竟連身為才女的謝道韞——
王凝之的老婆，都忍不住吐槽自家老公。

我確實也沒想到，天地之間居然有王凝之這種傢伙。

老婆……真的不考慮給我留點面子嗎？

謝道韞

你想想你配嗎？你不配。

不意天壤之中，乃有王郎！——《世說新語》

說回陶淵明，曾經我們以為他就是個敢於裸辭的世外高人，
提起他就是「愛菊」、「厲害」，以及全文背誦，想不出別的詞。

蛋是

今天你會發現，陶淵明其實離我們很近，
他是在政治鬥爭中翻騰過的上班族；
他懷揣過熱血幻想，也曾彷徨，也曾苦惱，也曾經歷社會的毒打。
他的歸隱田園不是單純的生性恬淡，
而是歷經一切，在亂世之中求得逃生後的豁然開朗。

從此他放飛自我，不會種田，也愣是要去種——
種豆南山下，草盛豆苗稀。——《歸園田居·其三》

不會彈琴，也要彈個空氣琴——

潛不解音聲，而畜素琴一張，無弦，每有酒適，輒撫弄以寄其意。

——《宋書·陶潛傳》

彈個空氣不說，他還要強行狡辯——

但識琴中趣，何勞弦上聲！——《晉書·陶潛傳》

偶爾一副「隨他吧，別多想，都是命」的樣子——

縱浪大化中，不喜亦不懼。應盡便須盡，無複獨多慮。

——《形影神贈答詩·其三》

偶爾又「嗚嗚嗚，沒喝夠，我恨啊」的樣子——

但恨在世時，飲酒不得足。——《擬挽歌辭三首·其一》

唯一不變的是，經歷了這麼多，他依舊是那個表面淡定，

但永遠熱愛生活的陶淵明——

所以貴我身，豈不在一生。——《飲酒·其三》

知識站

陶淵明

　　東晉著名田園詩人，號五柳先生，是田園詩派創始人，性格灑脫，淡泊名利，追求自我，其代表作有《歸去來兮辭》等，著名典故──不為五斗米折腰。

魏晉門閥制度

　　在類似現代高考的科舉制度被發明前，魏晉時期選拔人才主要採用的是門閥制度。這種制度在選拔和任用官吏時只看出身和門第，而不注重才能。門閥制度萌芽於東漢後期，初步形成於曹魏、西晉時期，鼎盛於東晉和南北朝前期，衰落於南北朝後期。說到底，這種制度可以說「只看爹」，往往當官的都是「官二代」，寒門之士根本沒有出路。所以，這種制度在一定程度上埋沒了人才。

謝靈運：沒人比得過的花式擺爛小王子！

自尋死路，一種以生命為代價的擺爛行為，

相信大家在生活中深有體會。

但說到如何用花式手法自尋死路，

相信還沒有人能比過這位小王子——

謝靈運。

謝靈運也算是南北朝的曠世奇葩一個，

身為飽讀詩書的名門之後（父親是東晉貴族，母親是王羲之的外孫女），

卻天天不做正事，只會喝酒、旅遊，

導致當時討厭他的人能從南京排到洛陽。

自從東晉集團原總裁正式倒台後，

各大股東（藩王或將領）就紛紛開始搶奪股權，

期望能借東晉這個空殼重新上市。

35 歲那年，謝靈運終於遭遇了他的中年危機。

在劉宋王朝推翻東晉後，他身為舊貴族就被降了一檔，

從康樂公變成康樂侯，連工資也從 3000 戶降到了 500 戶。

高祖受命，降公爵為侯，食邑五百戶。——《宋書·謝靈運傳》

面對劉宋王朝發來的續約通知，謝靈運第一次萌生了擺爛的想法，

他要報復這位苛扣工資的新老闆——**消極怠工**。

但是，有時候人與人之間需要的並不是理解，
而是欣賞和包容。宋文帝劉義隆也不例外。
宋文帝對謝靈運的才華是十分欣賞和肯定的，
他曾經讓謝靈運去寫一本《晉書》，
也沒有訂什麼最後期限，結果謝靈運寫了 2 年也就寫出一個大綱。
就這樣，宋文帝也沒有生氣。
按理說，一個員工如果天天光摸魚不做事，
老早就被炒成「鐵板撒尿蝦」了。

宋文帝就是看出了謝靈運確實有真本事，
專門讓他負責在自己的酒會上寫寫書法、畫個畫，
他甚至還把謝靈運的書法和繪畫作品稱為 國之二寶 。

靈運詩書皆兼獨絕。每文竟，手自寫之，文帝稱為二寶。
——《宋書‧謝靈運傳》

偷懶摸魚？那算什麼，
本來把謝靈運招進來就不指望他上班。

都說我喝酒時才叫你出來，其實才
不是，因為想見你，我才喝酒呢。

宋文帝

這就導致謝靈運無論怎麼擺爛偷懶，只要不是謀反篡位，
就註定一直會受到宋文帝的寵愛。

？？？還有這種操作？
擺爛都能增加好感度？

第一次想擺爛沒想到就這樣奇葩地失敗了。

謝靈運感到十分懊惱，他痛定思痛，

迅速開始了第二次擺爛——**裝病罷工**。

前面說到人和人其實並不需要理解，

宋文帝和謝靈運就是一個很好的例子。

宋文帝非常欣賞謝靈運的才華，

但如果讓皇帝理解臣子的想法，那對不起，沒空。

謝靈運很不甘心，他希望能將自己的學識用於造福社會，

而不是作為花瓶在酒會上表演。

謝靈運工作態度急轉直下，被外調為永嘉太守後，

更是每天遊山玩水，好幾個月沒回過永嘉。

每次宋文帝問起情況，他就撒謊說自己生病了，沒辦法上班。

終於，謝靈運被人檢舉了。

有句話大家一定要記得：小爛怡情，大爛必分。

你擺爛的程度往往和你的顏值成正比，

而謝靈運明顯高估了自己的「顏值」。

對於宋文帝來說，謝靈運這幾年來擺過的爛，

已經遠遠超出了他容忍的範圍。

謝靈運連續多次裝病，翹班旅遊，竟然整整消失了 2 年。

宋文帝這下子終於決定，要把這個人抓回來重新教育。

但謝靈運在外面酒喝得好好的，也還沒玩夠，
叫他回來就回來，他豈不是很沒面子？
於是，面對宋文帝派來抓自己的人，謝靈運當時只做了兩件事：
一是把這些使者扣押進大牢，自己轉身就逃；
二是順便寫了一首詩嘲諷宋文帝。

韓亡子房奮，秦帝魯連恥。本自江海人，忠義感君子。

——謝靈運《臨川被收》

這波操作堪稱空中轉體三周半，落地無水花，
找死評分能打個 9.0 分，扣 1 分只是怕你謝靈運太驕傲。

違抗皇命，擅自扣押使者，犯下罪後還敢意圖謀反、
嘲諷皇帝，放到別人身上連誅九族都不夠數，
偏偏謝靈運還真的就這樣做了。

宋文帝最後還是念昔日情分和其才華，
決定只把謝靈運流放到廣州。
但是，更可怕的事情發生了，
謝靈運花錢叫人在路上劫自己的獄了。
對，沒錯，他就是這麼愛找死。

你腦子是不是進水了啊，
你這樣要我怎麼原諒你？

謝靈運最後的結局不用多說，找死到這種地步，

不砍頭都對不起看到這裡的觀眾。

但謝靈運只是個單純會擺爛的人嗎？其實並不是。

哪有人一開始就想找死呢，還
不是生活把我逼成了這樣子。

我裡～

看著你做過的事，怎麼就那麼沒說服力呢。

他曾經在《登池上樓》中寫道：「進德智所拙，退耕力不任。」

他想為國家做貢獻卻沒有能力混官場，

讓他回家種田卻心有不甘，只能用罷工的形式對這個官場進行反抗。

謝靈運正是古代大部分文人的縮影，他們想改變這個社會，

卻又清高自傲不願融入汙濁，只能在進退兩難中苦苦堅守自我。

除此之外，在詩歌方面，

謝靈運是首位把自然作為獨立審美對象寫進詩中的人，

把詩歌從「淡乎寡味」中解放了出來。

同時，古詩裡那個響噹噹的「山水詩派」也是他親手開闢出來的，

就連李白都甘願成為他的第一號鐵粉。

而謝靈運也讓我們明白了，雖然他一生都在自尋死路，

得不到重用，但比起碌碌無為地混日子，

只要不斷去追尋自己熱愛的和有價值的事物，

最終也不算枉度此生。

謝靈運

　　東晉時期著名佛學家，山水詩派鼻祖。謝靈運自幼好學，博覽群書，善書法和史學，與顏延之（南朝宋文學家）並稱「顏謝」。

山水詩派

　　東漢以來，社會動盪，部分清流士大夫表示對官場很失望，於是紛紛打包行李回鄉下。在他們的文章詩歌裡就經常出現寫景的名句。東晉以來，「玄言詩」這種表現各種玄學道理的詩歌統治了詩壇。但時間一長，這種詩題材越走越偏，甚至失去了美感和意義。直到謝靈運繼承了東漢那群清流士大夫的文章，開創了山水詩派，才為詩歌的發展吹進了一股清風。

才高八斗

　　南朝宋著名山水詩人謝靈運才華出眾，深得宋文帝的賞識。謝靈運對自己的才華很有自信，曾在飲酒時自嘆道：「天下才共一石，曹子建獨得八斗，我得一斗，自古及今共分一斗。」就是說，除了他的偶像曹植，天下人的才華都不入他的眼。從此，後人便將才學出眾的人形容為「才高八斗」。

王維：前半生有多順利，後半生就有多倒楣！

出身好，名校畢業，就必須成功嗎？

在大唐詩歌圈，王維算是出身非常好的同學了，

家裡從漢朝以來就是當官的，是大名鼎鼎的太原王氏。

從小王同學就是「別人家的好孩子」，

會讀書、會彈琴、會畫畫、會唱歌，長得還特別好看。

據說有人曾經拿著一張殘破的《奏樂圖》問他，
王維看了一眼之後就立刻說出「這是《霓裳羽衣曲》的
第三疊第一拍」，別人不信，結果一試果然是對的。

西元 715 年，15 歲的王維第一次來到長安。*
王維參加科舉考試的時候，李白還在青城山上練劍，
杜甫還不知道在哪裡當路人甲。
這是王維的時代，他提著一把琴一支筆，
17 歲時以一首《九月九日憶山東兄弟》震驚了整個長安。

* 關於王維的出生年份，學界尚有爭議，本文採用「王維生於 701 年」的觀點。

唐朝的科舉，並不是一張考卷定生死，

還要看誰的人氣高，誰獲得的大咖推薦多。

王維的人氣不用說，他的頭號粉絲就是玉真公主。

所以毫無疑問，王維摘下了狀元桂冠。這一年他 21 歲。

五古七古，以王維為名家；

五律七律五絕五絕，以王維為正宗；

七絕以王維為羽翼。

好的，王先生的成功人生就定格在此刻，永垂不朽。

．．．．．．．．．．．

怎麼可能呢？

人生是一場漫長的接力賽，

接下來王維就正式入職大唐公務員系統。

一個再優秀的應屆生，面對職場也是菜鳥一個。

有一天，王維屬下伶人私自舞黃獅子，

被認為對皇上不敬，他因此被人參了一本，

最後受連累被貶到地方當糧倉管理員。

「黃」跟「皇」是同一個音，放任屬下舞黃獅子，就是對皇上不敬。

一落千丈

如果是李白，可能砸了場子就走，回家找人喝悶酒。

但王維這種標準的菁英家庭出來的好學生，

他的作法是「聽話」。

王維一開始還覺得自己年輕，去鍛鍊一下挺好的。

10年後
Ten years later

你們真的把我忘了嗎？？？

眼看著自己起點那麼高，
結果在近 10 年後卻被同齡人遠遠甩在後面，
王維想著自己要努力一把，
於是精心準備了推薦信，
請當時的宰相張九齡引薦。

再給我一個機會吧！我這
輩子都不看舞獅子了。

當從大夫後，何惜隸人餘。——王維《上張令公》

於是在各位前輩的提攜下，王維的事業終於有了起色。

都說上帝給你關上一扇門，必然會再給你開一扇窗。
一直以來，王維在事業上頗不能如意，
那他在生活上是不是就能順風順水呢？
並沒有。
三十而立，說的是在 30 歲這一年，
男孩子終於成長為男人，既成家了，也立業了。
然而在 30 歲這一年，王維的妻子去世了，他的家沒了。

懷念亡妻的詩詞最有名的是「十年生死兩茫茫，不思量，自難忘」，

但蘇軾在寫這首詞的時候，其實早已續弦。

王維這個寫過「紅豆生南國」的人，沒有寫過一首情詩給妻子。

但是，在妻子死後，他再也沒有娶過任何人。

一想起你就心動，寫不出詩。

當初

現在

一想起你就心痛，寫不出詩。

我一上班也寫不出稿子。

文案狗

所有人都要你向前跑，去努力、去奮鬥、去追逐成功。

沒有人能回答，如果努力了沒有回報，還被打得鼻青臉腫怎麼辦。

像李白會有「仰天大笑出門去，我輩豈是蓬蒿人」。

朱敦儒會有「詩萬首，酒千觴。幾曾著眼看侯王。

玉樓金闕慵歸去，且插梅花醉洛陽」。

陸游會有「零落成泥碾作塵，只有香如故」。

算了算了，在哪裡跌倒，我就在哪裡躺著吧，看看花看看雲也挺好的。

有人說，王維從此以後就消極了，
過上了半官半隱的生活，雖然沒有耍著性子辭職不幹，
但是面對不得志的工作，也沒有很大的熱情。
他寫詩、畫畫、吃齋、唸佛。

這個世界對他這樣殘忍，
但他的詩和畫從來都是一派風和日麗。

在一千多年後，有位印度詩人把這種人生哲學稱作

世界吻我以痛，要我報之以歌。

願每個努力的人都能和這個世界和解。

知識站

王孟

王維和孟浩然，唐代著名山水田園詩人，被後人合稱為「王孟」。王維的代表作有《山居秋暝》、《送元二使安西》、《使至塞上》、《竹裡館》、《山中送別》等。孟浩然代表作有《春曉》、《過故人莊》、《宿建德江》等。

為什麼唐朝盛行佛教？

首先得力於唐朝統治者的推崇。唐朝 21 個皇帝，除了唐武宗李炎反佛，其他皇帝基本上都支持佛教的發展。其次是以玄奘法師為代表的佛教人物的大力宣揚。最後，唐朝時期政治、經濟、文化繁榮，對外交流頻繁，各種宗教文化都在中國得到傳播，佛教因此在中國也得到了傳播和發展。

李白：：誰說中國人不浪漫！他！浪漫至極～

西元 701 年，中國有個超炫炮的人物誕生了。

他就是，叱吒詩壇的大唐第一「網紅」李白。

一提到李白，你能想到他的好友印象欄一定是——

和別的詩人不同，李白一生不羈放縱愛自由。

然而就是這麼一個「斗酒詩百篇」、大名鼎鼎的詩人，

竟然是個不折不扣的大唐劍客。

劍客之——
江湖我白哥，人狠話不多

李白，字太白，號青蓮居士。

他曾自言：「五歲誦六甲，十歲觀百家。」

萬萬沒想到，看似好學生的李白，

從小的夢想竟然是──

我 15 歲學武功，立志 30 歲做大哥。

十五好劍術，遍干諸侯；三十成文章，歷抵卿相。──《與韓荊州書》

和電視劇裡的老大刀槍全上不同，

李白和四川親友告了別，提著劍就去闖江湖了。

李白雖好鬥逞勇，卻頗有俠義心腸，對朋友能拔刀相助。

為朋友兩肋插刀，正常啦。

托身白刃裡，殺人紅塵中。

——《贈從兄襄陽少府皓》

在李白的詩歌裡，經常有歃血街頭的場景，

光是提到「劍」字的就有一百多處。

不說你可能不知道，他的劍術老師竟然是

唐朝第一劍客——裴旻。

唐玄宗說大唐有三絕：

李白的詩歌、裴旻的劍術、張旭的草書。

所以李白四捨五入等於占了兩絕啊！

這下你終於知道他為什麼敢那麼狂傲了吧。

十步殺一人，千里不留行。

李白這種有文化的劍客，特別吸引當時的妹子。

李白一生結了兩次婚，

兩次都是宰相孫女，還和玉真公主傳過緋聞。

據說，李白其中一個老婆就是因為在梁園看到他寫下的《梁園吟》，

愛得要生要死，甚至花千兩黃金買下牆壁，誓死要嫁給他。

這也是「千金買壁」故事的由來。

李白行走在「白富美」和「高富帥」之間，

遊刃有餘，可以說是人生贏家啊。

李白這種獨特的個性，哪怕到了職場也絲毫不收斂。

在唐朝，別人想當官都老實參加招考（科舉），

李白想當官，直接甩一句——

沒才華的才參加高考，
有才華的都直接保送！

五、朕說學測國文作文題

要求：題材不限，詩歌除外

李白，out！

那李白是怎麼搭上保送的火箭呢？

據聞是一個叫賀知章的大佬看到李白的《蜀道難》，

驚為天人，立刻給李白按了讚。

朕說歷史漫畫

李白 📷
2-28 08:45 來自联说手機

噫吁嚱，危乎高哉！蜀道之難，
難於上青天！
——《蜀道難》

分享999 留言666 　　　　　　　　讚999

 賀知章 　　　　　　　　👍
2-28 08:46

超殺der，神仙才寫得出吧。
可以直接閱讀並背誦全文了。

果然李白很快竄紅，被保送到大唐股份有限公司。

大家都知道，大唐公司嘛，官僚主義肯定很重，

遇到煩死人的辦公室主管，一般人——

我不幹了！

開個玩笑。

賺錢要緊，賺錢要緊。

嘿！李白遇到超煩的辦公室主管──

老子說辭就辭！

李白就是有這個本事。

據聞因為李白文采好到爆棚，連皇帝都給他擦口水餵飯。
楊貴妃雙手給他捧硯，辦公室總經理級別的高力士
都要給他脫鞋擦鞋。

曾令龍巾拭吐，御手調羹，貴妃捧硯，力士脫靴。

──《唐才子傳 · 李白》

連鐵粉杜甫也曾說，皇帝老子請李白做客，
李白都不去，寧願在馬路邊吃花生喝酒。

天子呼來不上船，自稱臣是酒中仙。
——《飲中八仙歌》

這就是李白，多麼酷炫、多麼瀟灑啊！
網上有人貼出李白的人生軌跡圖，
在那個交通不便的時代，李白總共到過 206 個州縣，
攀登了 80 多座山，遊覽了 60 多條江河川溪、20 多個湖潭淵流。
他用 27 年徒步丈量了大半個中國。

你可能覺得他是個浪蕩子，他經歷過盛唐的太平盛世，
也飽受過安史之亂的戰爭苦痛。
但在「浪」的背後，是貶謫，是流浪，是背井離鄉。
儘管一生如此苦痛，但他仍帶給我們無限的浪漫與豁達。

仰天大笑出門去

我輩豈是蓬嵩人

他能到達心靈所能到達的遠方。

關於親情——舉頭望明月，低頭思故鄉。

關於愛情——卷帷望月空長嘆，美人如花隔雲端。

關於友情——我寄愁心與明月，隨君直到夜郎西。

余光中老先生的《憶李白》——

……酒入豪腸，七分釀成了月光。餘下的三分嘯成劍氣，繡口一吐，就是半個盛唐……

唐詩是中國詩歌的巔峰，在這巔峰之上，
有兩座難以逾越的山峰，一座是李白，另一座是杜甫。

李杜文章在，光焰萬丈長。——韓愈

李白開放而豪邁，杜甫沉著而內斂。
正是他們，支撐起了盛唐詩壇的一片天。

李白

　　唐代浪漫主義詩人，被後人譽為「詩仙」，與杜甫合稱「李杜」。李白的樂府、歌行及絕句成就頗高。在盛唐詩人中，擅長五絕與七絕而且同臻極境的，只有李白一人，其代表作有《望廬山瀑布》、《蜀道難》、《將進酒》、《早發白帝城》等。李白性格豪邁、不畏權貴，敢讓楊貴妃為其磨墨，讓高力士為其脫靴。

賜金放還

　　李白入京做官後，本來是想要做大事的，卻總是奉命給唐玄宗和楊貴妃寫些關於玩樂的詩篇，他因此感到很苦悶。天寶2年（西元743年）秋，李白寫了幾首表達內心怨憂失望的詩篇，如《玉階怨》、《怨歌行》等，這些作品觸怒了唐玄宗。唐玄宗表示，既然李白你上班上得那麼不開心，那乾脆別幹了。於是，在第二年的春天，李白就離開了長安。不過，唐玄宗雖然辭了他，但還是很欣賞李白的，賜給他不少錢，這就是「賜金放還」。

杜甫：寫下格律最嚴謹的詩，卻贏得了全世界的尊重！

很多人都知道，杜甫很偉大，但——

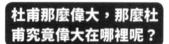

他寫詩很厲害啊，
他很憂國憂民啊。

可是寫詩厲害、憂國憂民的詩人很多
啊，為什麼只有他被稱為「詩聖」？

不知道，總之知道
他很偉大就行了。

知其然不知其所以然，怪不得
考試得零分，不可以這樣的。

雖然我們現代人覺得杜甫很厲害，

但在當時唐朝人眼裡杜甫卻沒有那麼偉大，

在以王維、李白為主流的文壇上，杜甫甚至有些不入流，

來來去去就沒幾個人誇杜甫的，有時還是商業吹捧，

就連唐朝人自己選編的唐詩選本，很多也沒有收錄杜甫的詩歌。

杜甫的人生不能說很背，只能說一直都沒好過。

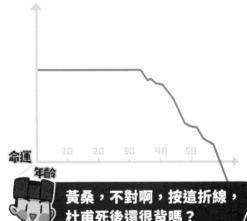

年輕時，杜甫跟各位愛卿一樣，
覺得努努力，人生就可以走上巔峰。

▼

24 歲：第一次科舉失敗了。

**沒事啊，會當凌絕頂，一覽眾山小，世界
那麼廣闊，我還年輕，機會多的是！**

25 歲，杜甫就寫下了各位愛卿需要背誦的《望嶽》——
然後他就再也沒有考上。

▼

杜甫 32 歲時，唐代兩位偉大的詩人相遇了。

雖然各位愛卿可能認為，
杜甫一直崇拜李白，而李白只愛汪倫。
但是，實際上李白跟杜甫關係不錯，還寫過詩給他。
如《沙丘城下寄杜甫》、《魯郡東石門送杜二甫》。

跟阿白你一起喝酒，睡覺都蓋一床被子，以後我們一定要多見面啊！

醉眠秋共被，攜手日同行。——《與李十二白同尋範十隱居》

李白在《魯郡東石門送杜二甫》中以「醉別」開始，以乾杯結束，

描寫二人分別。此後，兩人就再也沒有見過面。

35 歲，他參加制舉（皇上親自選拔人才），落第。

39 歲，為讓大佬推薦自己，他寫下了三大禮賦——

《朝獻太清宮賦》、《朝享太廟賦》、《有事於南郊賦》。

唐玄宗看了表示：杜甫，你還真是個人才。

當朝宰相李林甫看了表示：杜甫，你就是來打我的臉的。

我曾經跟皇上說野無遺賢，人才已經錄取完了，現在天下已經沒有人才了，這總不能自己打自己的臉吧。

林甫乃上表賀野無遺賢。——《資治通鑒》

然後杜甫就再也沒等到屬於他的

那封錄取通知書。

▼

44 歲，

朝廷好不容易想起有杜甫這個人，就安排了個小職位給他。

杜甫這才擔任了右衛率府冑曹參軍——

太子的衛戍儀仗部隊中的一個參謀屬官，

管理兵甲器仗之類的事務。

我有「社恐」，還喜歡喝酒，就做這個工資低的官好了，這下生活該放過我了吧。

不作河西尉，淒涼為折腰。

老夫怕趨走，率府且逍遙。

耽酒須微祿，狂歌托聖朝。

故山歸興盡，回首向風飆。

——《官定後戲贈》

然後安史之亂就爆發了，
杜甫被叛軍抓住，關了一整年。

當時唐朝全國有 5200 多萬人，而這場戰爭導致人口傷亡慘重。
在這期間，杜甫寫了很多作品，這些作品既是寫他自己，
也是寫安史之亂裡因為戰亂顛沛流離的無數人。

《月夜》

今夜鄜州月，
閨中只獨看。
遙憐小兒女，
未解憶長安。
香霧雲鬢濕，
清輝玉臂寒。
何時倚虛幌，
雙照淚痕乾。

《春望》

國破山河在，
城春草木深。
感時花濺淚，
恨別鳥驚心。
烽火連三月，
家書抵萬金。
白頭搔更短，
渾欲不勝簪。

《述懷》

自寄一封書，
今已十月後。
反畏消息來，
寸心亦何有……
沉思歡會處，
恐作窮獨叟。

既想家裡能來消息，又
害怕收到的是壞消息。

朕說歷史漫畫

好不容易，杜甫逃了出來。

聽說有個叫杜甫
的逃走了。

誰來著，算了，逃了就逃了，
又不是王維這些大人物。

我要離開這裡，
去找皇上，讓國家
重新振作起來！

——然後他就因為維護有罪的宰相而被貶。

之後，他寫下了《羌村三首》、《北征》，

以及著名的「三吏」「三別」，

即《新安吏》、《石壕吏》、《潼關吏》，

《新婚別》、《無家別》、《垂老別》等作品。

只有杜甫在一次又一次地揭露朝廷的罪惡、戰爭的痛苦，

也只有杜甫在一次又一次地記錄平民百姓所遭受的苦難，

為他們發聲。

黃桑，那杜甫在旁邊記錄這些事情，怎麼官府抓壯丁沒先抓他？

雖然杜甫的官職小，但怎麼說他也是個官，不用繳個人所得稅，也不用服兵役。

生常免租稅，名不隸征伐。——《自京赴奉先縣詠懷五百字》

到處是戰亂，還有饑荒，世道也不好，公務員也扛不住。要養活家裡人，我還是先離開長安吧。離開京城，生活應該會對我好一點吧。

哭泣～哭泣～

關輔饑，輒棄官去。——《新唐書·杜甫傳》

然後，他接下來的人生就一直在漂泊，
經常是吃了上頓沒下頓，天要是冷點，手腳都會被凍裂。

不對啊，黃桑，杜甫之前不是做
公務員嗎？至少有點積蓄吧？

安史之亂，國家都亂糟糟的，工資怎麼發？

當時一斗米是 7000-10000 文，

有些地方，一隻老鼠都要賣到 4000 文，

杜甫連米都要跟人借，他的小兒子都被餓死了。

「朱門酒肉臭，路有凍死骨」
就是在這樣的情況下寫的。

▼

48 歲，杜甫來到成都，

居住了不到 4 年，就創作了 200 首詩，

其中包括愛卿們必背的《春夜喜雨》、《江畔獨步尋花七絕句》，

以及《茅屋為秋風所破歌》。

其實這時候，在好友的資助下，杜甫的生活算是好一點了，但是他想的還是天下人是不是生活得好一點了。

既然有好友依靠，那杜甫為什麼不一直生活下去？

因為那個好友之後就得病死了。

為了實現自己「致君堯舜上，再使風俗淳」的理想，杜甫離開了成都。

我小時候身體好，爬樹就爬上過一千次，為了我的理想，我能熬。

憶年十五心尚孩，健如黃犢走復來。

庭前八月梨棗熟，一日上樹能千回。

——《百憂集行》

然後各種疾病就找上他——

糖尿病、身體局部麻痺、瘧疾、右胳膊癱瘓、肌肉萎縮⋯⋯

瑟瑟發抖~

瑟瑟發抖~

59歲，在漂泊的路上，他寫下了絕命詩。

王維走了，李白走了，高適也走了，好朋友都離開了，我也差不多了。天下這麼亂，但我卻什麼都做不了⋯⋯

畏人千里井，問俗九州箴。

戰血流依舊，軍聲動至今⋯⋯家事丹砂訣，無成涕作霖。

——《風疾舟中伏枕書懷三十六韻奉呈湖南親友》

這樣看來，杜甫也就慘了些，又有什麼偉大的？

這就要對比了。

在詩歌藝術創作上，杜甫的 1400 多首詩風格多樣。
不僅如此，唐朝出現了一種新的詩歌形式 —— 律詩。
律詩對格律有十分嚴格的要求，一般人根本不敢嘗試。

打個不那麼準確的比方，寫律詩，就好比給一首《兩隻老虎》的曲填詞，杜甫不僅寫得很通順，還寫得情景交融、引經據典，內涵豐富。「一篇之中句句皆律，一句當中字字皆律」，你中有我，我中有你。你說這樣還不夠厲害嗎？！

律詩是我們中華文化最特別的藝術形式之一，
而杜甫把這種藝術形式發揮到極致。
杜甫是唐代律詩最高成就的代表，其創作的
律詩有 900 多首，《登高》還被稱為「千古七律第一」。

杜甫的絕不僅在於他寫得好，而且我們至
今所運用的成語好多都源於他的詩：別開
生面、歷歷在目……

當時為了實現自己的理想，
求各種大佬幫幫忙是正常的。

杜甫在求這些大佬幫忙的時候，並沒有巴結他們。
因為同宗同族，杜甫還跟奸相李林甫的女婿杜位有交往，
當李林甫被抄家、杜位被貶的時候，杜甫並沒有因此就跟他斷絕友情。

這叫知世故而不世故。

安史之亂，無數唐朝官員投降，
包括愛卿們所熟知的王維，但杜甫卻沒有屈服。
戰爭從來沒有真正的勝利者，不管勝敗，苦的都是百姓，
杜甫耳聞目睹了戰爭的慘狀、人民的苦難，寫下了《兵車行》。
當別人在歌頌唐朝的各種美好時，
杜甫卻在書寫唐朝底層人民的心聲。

這叫推己愛人，心憂天下。

當時三妻四妾很普遍，杜甫卻自始至終只有一個妻子。

別人遇到人生逆境的時候可能就去隱居，

而杜甫還一直想著復出，想著天下人是不是有房住、有飯吃。

什麼叫矢志不渝，這就是，小家大家，杜甫都從沒有放棄過。

正因為如此，無論東方、西方，

後人才在歷史中越來越發覺杜甫的偉大。

BBC 拍攝的紀錄片《杜甫：最偉大的中國詩人》

曾這樣評價杜甫：

「在西方，我們沒有類似杜甫這樣的人物，

能透過文字把整個文明的道德情操都表現出來。

杜甫之所以打動如此多西方人，

絕不僅僅因為他是一位中國國寶級的愛國詩人，

還因為他的追求——跨越地域、文化、民族，真正地愛天下人。」

安得廣廈千萬間，大庇天下寒士俱歡顏！
風雨不動安如山。嗚呼！何時眼前突兀見
此屋，吾廬獨破受凍死亦足！

知識站

杜甫

　　字子美，號少陵野老，唐代著名現實主義詩人，與李白合稱「李杜」，被後人稱為「詩聖」。杜甫的代表作品為「三吏」（《石壕吏》、《新安吏》、《潼關吏》）和「三別」（《新婚別》、《無家別》、《垂老別》）。

小李杜

　　李商隱和杜牧的合稱，是相對於「李杜」而言的。李商隱是晚唐著名詩人，但就其寫作風格而言，是整個唐朝為數不多的追求詩美的詩人，尤其擅寫詩歌和駢文。杜牧也是晚唐著名詩人，性情剛直，不拘小節，厭惡阿諛奉承，其代表作品是《阿房宮賦》。

安史之亂

　　唐玄宗末年至唐代宗初年由唐朝將領安祿山與史思明背叛唐朝後發動的戰爭，是同唐朝爭奪統治權的內戰，是唐由盛轉衰的轉折點。因為發起這次叛亂的指揮官以安祿山與史思明二人為主，因此該事件被稱為「安史之亂」，史書也稱「天寶之亂」。

韓愈：有一種正氣，叫與整個唐朝為敵！

西元 824 年 12 月 25 日，
長安，「唐宋八大家」之首的韓愈病死在家中。
這消息傳出來，舉國上下的佛教徒歡欣鼓舞。

該下餓鬼道的韓愈終於死了！
惡人有惡報！太好了！

（餓鬼道屬於佛教所謂的三惡道之一。
餓鬼因為饑餓難耐，也是極其痛苦的。）

韓愈不是一代文學大家嗎？
佛教徒怎麼就對他這麼凶呢？

如果瞭解韓愈這個人，你就不會覺得意外了。
韓愈出生在西元 768 年，
這是安史之亂發生後的第十三年。
大家過得都很慘，用杜甫的話說就是——
朱門酒肉臭，路有凍死骨。

我的工作　　　　我的工資

而韓愈，家道衰落，父母雙亡，由長兄長嫂撫養。
但在他 12 歲的時候，長兄也去世了。

在大部分愛卿上學玩遊戲的年紀，韓愈已經要負擔整個家的生活了。

那麼，命運對韓愈寬容一些了嗎？

並沒有！

三次進士考試均以失敗告終。

第四次進士考試終於成功了，他取得了做官的資格。

在唐代，即使你取得了做官的資格，
還要通過吏部的銓（ㄑㄩㄢˊ）選考試，
這樣才可以真正擁有官職……

韓愈連考了 3 年銓選考試，都沒有考上。
　　求人？他 2 個月寫了 3 次信，
信送到宰相門口，卻被看門的打回……

寫 3 次信不行，我就寫 4 次。

就是這樣不斷寫信，
經過推薦，韓愈才當上監察御史。

韓愈這也太想當官了吧，
這麼重視名利嗎？

想想，韓愈家裡還有十幾個人等著吃飯，
而在當時，想要對國家有點貢獻，當官
是最能實現自己理想的途徑了。再說，
韓愈做官也是兢兢業業的！

不過，當上監察御史不久，京畿（ㄐㄧ）大旱，
朝中大臣幾乎沒人敢彙報真實情況，這時……

韓噹噹上線

韓愈一篇《御史台上論天旱人饑狀》的奏章，
打了一大堆大臣的臉。

聽說你很會「嗆人」，那我們就把你弄走，看你還敢不敢。

唐朝奸臣

不好意思，韓愈還是那麼敢說。

雖然屢遭貶謫，但韓愈依舊繼續寫信，

向朝中的有識之士發表自己的意見。

幾經沉浮，韓愈因為平淮西節度使的叛亂有功，

被任命為刑部侍郎。

對，在「唐宋八大家」裡，韓愈是唯一有軍旅生活的文人。

回到前文，安史之亂之後，人民生活艱苦，但在這種情況下，

有一份工作，只發工資不繳稅，錢多事少離家近，代價只有一個，

那就是——頭禿（當和尚），換作是你，你做不做呢？

連傻子都去做好嗎？！

148

我變禿了，也變有錢了。

佛教自東漢傳入中國之後發展壯大，由於政策開明，

從隋唐到中唐，佛教發展到了空前的盛況。

藉由政策上的優待，寺院不僅擁有大量土地與勞動力，

而且享有免役免稅特權，並成了富戶強丁逃避徭役的合法特區。

在盛唐時期，佛教的發展是大唐包容萬象的證明。

但在衰弱的中唐，大量僧侶占著土地不納稅，

百姓供奉不了錢財，就斷手斷腳供奉。

當時的皇帝唐憲宗甚至要花重金去迎接佛骨（指釋迦牟尼的一節指骨）。

這時的佛教，讓人沉迷，中唐從上到下都沉迷於此。

把錢拿來供奉，我保佑你發財。

把自己拿來供奉，我佛保佑你平安。

有錢　　　沒錢

再這樣下去，國家還怎麼運行？

不過這次要嗆的是皇帝，一句話說錯就可能被殺頭，

朝裡哪個人敢出面？可是⋯⋯

韓嗆嗆再次上線

韓愈也許寫好了遺書，整理好了自己的官服。

他寒窗 12 年，蹉跎到 51 歲終於仕途順了。

但那又怎麼樣？！如果不能做正確的事情，

當這個官幹什麼？於是他怒嗆唐憲宗——

供佛？！天天要佛祖對你好一點，
佛祖對漢明帝好了嗎？並沒有！
佛祖對梁武帝好了嗎？別逗了！
你是在裝孝維嗎？！

開什麼玩笑！

漢明帝時，始有佛法，明帝在位，才十八年耳。其後亂亡相繼，運祚不長。宋、齊、梁、陳、元魏已下，事佛漸謹，年代尤促。惟梁武帝在位四十八年，前後三度捨身施佛，宗廟之祭，不用牲牢，晝日一食，止於菜果，其後竟為侯景所逼，餓死台城，國亦尋滅。

——《諫迎佛骨表》

唐憲宗當場原地爆炸，想立刻處死韓愈，
還好被有理智的老臣攔住。
韓愈被貶到潮州當刺史，路過一個叫藍關的地方。
他望著這片土地有沒有哭不知道，
只要自己還活著，就一定會為了大唐繼續嗆下去！

韓嗆嗆又又又上線

嗆天子只需要勇氣就可以，但是韓愈這次要跨越物種，

嗆鱷魚！

中唐時期的潮州是個荒蠻之地，鱷魚橫行，民不聊生。

韓愈來了之後，只花了 8 個月，

就把這裡變成了一個「文明城市」。

這誰頂得住啊！

來啊，誰欺負百姓，我就讓誰頂鱷魚。

鱷魚睅然不安溪潭，據處食民、畜、熊、豕、鹿、麞，以肥其身……刺史雖駑弱，亦安肯為鱷魚低首下心，伈伈、為民吏羞，以偷活於此邪？——《祭鱷魚文》

直到今天，潮州依然有紀念韓愈的「韓山」、「韓江」。

西元 822 年，唐朝的節度使叛亂，

眼看著要打起仗來。

造反又怎樣，天氣寒冷，國庫空虛，糧草續不上，你們 15 萬大軍還打不過我們 1 萬人的隊伍，還能拿我們怎麼樣？

朕說歷史漫畫

當時的皇帝八成又是看韓愈不順眼，

命韓愈去跟叛軍商量投降歸順的事情。

是人都知道，這件事情很危險，去了根本回不來。

後來皇帝良心發現，要他別去。

他不僅沒有回來，還讓人帶了口信──

君王要我不要去，這是君王對我的仁愛，但是我寧可赴死，

這是我做臣子的道義和責任。

止，君之仁。死，臣之義！

據說韓愈深入節度使後方，

幾十個穿著盔甲的大漢圍著他。

在那種情況下，他說錯一個字，就會沒命了。

但是韓愈直接擺明反賊必死，落得罵名，

歸順國家有獎的道理，

不費一兵一卒平息了事態。

兄弟，乾了這碗大唐水，來生還做大唐人。

愈大聲曰：「天子以公為有將帥材，故賜以節，豈意同賊反邪？」
……會元翼亦潰圍出，延湊不追。愈歸奏其語，帝大悅。
——《新唐書 · 韓愈傳》

韓愈這個男人確實不討人喜，皇帝信佛誤國，他就死嗆皇帝；
同僚貪汙受賄，就撕他個不手軟；
當時社會以當老師為恥，他卻願意成為老師，提拔窮學生；
這個時代的文風華麗不實用，他就開創新時代的「古文運動」，
革除了駢文 600 多年的弊病，
突破傳統寫法，給中華文化注入了新的活力。

我不合群，下次一樣也不合群！

韓愈是「唐宋八大家」之首，但他從未為自己說過什麼，
總是默默地為百姓做事。
只是，看起來天不怕地不怕的韓愈，
在登華山的時候竟然被嚇哭了，而且這事還被記錄下來。
唐朝李肇《國史補》就說：「（韓愈）乃作遺書，發狂慟哭」。

幹嘛寫這件事，難道我不要面子啊！

直到 200 多年後，一個叫蘇東坡的男人讀懂了韓愈，
他親自寫下了「文起八代之衰，而道濟天下之溺；
忠犯人主之怒，而勇奪三軍之帥」！

韓愈真的太棒了，以後我的偶像就是他了！

蘇軾

就是運氣比較衰！

唐宋八大家

　　唐代和宋代的八位散文家的合稱，他們是韓愈、柳宗元、歐陽修、蘇洵、蘇軾、蘇轍、王安石和曾鞏。其中，兩位在唐代——韓愈、柳宗元，他們宣導了「古文運動」，是古文運動的領袖；六位在宋代，其中，歐陽修、蘇洵、蘇軾、蘇轍是宋代古文運動的核心人物；王安石和曾鞏是宋代臨川文學的代表人物。

古文運動

　　唐朝安史之亂後，國勢衰微，朝廷動盪，而文壇上又流行一種華麗空洞的文風，於是韓愈、柳宗元發動了一場「文藝復興」運動，即古文運動。這場運動表面上宣導回歸古文的懷抱，實際上就是想要復興儒學，讓國家回歸正道。這場運動延續到宋朝，宋朝古文運動的代表主要有歐陽修、蘇洵、蘇軾、蘇轍、王安石和曾鞏等人。

白居易：讓全日本都佩服的中國詩人！

大家都知道，

日本是唐朝的資深鐵粉。

那麼問題來了——

你們知道在日本史上最紅的唐朝詩人到底是誰嗎？

是「十步殺一人，千里不留行」的李白，

還是李白的鐵粉杜甫？

你是不是需要簽名啊？

呃……我看看就好。

統統都閃開，

在日本，最紅的唐朝男人，明明是白居易。

他一紅就是上千年，簡直紅透日本半邊天，李杜都要靠邊站！

請把最熱烈的掌聲，
送給白居易！

聽聞說當年白居易在中國，麾下就有無數「腦粉」。

其中有個最死忠的鐵粉叫葛清，此人仰慕「小白」不可自拔，

索性在脖子以下三十餘處都刺刻上了白居易的詩，還專門配了圖。

什麼都別說了，明天
來「朕說」上班吧。

葛清經常袒胸露臂於街頭，

人稱「白舍人行詩圖」。

喔，朕的天，瞧瞧這個優秀的粉絲，
朕親愛的上帝啊，連朕都想給他頒發
獎盃。

白居易的名號傳到日本，就更不得了了。

當時駐紮長安的抱大腿專業戶 —— 日本留學生

視白居易的作品為文化主流，

迅速複製貼上，搬到日本，最終紅爆日本！

啊，是白桑的新書！
白桑的文筆真是棒棒的呢！

白居易在日本有多紅？

可以這麼說，上至天皇，下至平民老百姓，都對他謎之崇拜。

舉個例子，嵯峨天皇就當過白居易的忠實鐵粉，

不僅多次反覆抄寫白居易的詩，還暗自閱讀並背誦全文，

背完還不算，還要偷偷考臣子對白居易的詩熟不熟。

哎呀，突然好想寫詩呀！「閉閣唯聞朝暮鼓，上樓遙望往來船。」愛卿你覺得我寫得棒不棒？

太棒了，如果把「遙」字改成「空」字，會不會更棒啊？

什麼？他居然連白居易的詩都知道了！

賦漢詩曰：「閉閣唯聞朝暮鼓，上樓遙望往來船。」

小野篁奏曰：「聖作甚佳，惟『遙』改『空』更妙也。」

——《江談抄》

平安時代，朝廷還專門開設《白氏文集》講座，

數代天皇都曾參與。

對於臣子而言，背得熟，升官發財指日可待；

背不熟，下一秒就被炒魷魚。

那一天，日本大臣想起了
被白居易詩句深深支配的恐懼。

在民間，年少不懂白居易，那就是沒文化！

日本百姓紛紛組織詩會，

專門學習、引用和模仿白居易的詩句，

有的甚至直接摘取部分，譯成日文作為自己的詩名。

對此他們表示——

讀書人的事能叫抄嗎？這叫致敬。更何況是偶像的詩。

日本平安時代

還有一本收錄 1083 聯唐詩名句的作品，

叫《千載佳句》，當時的排行榜是這樣的——

可能有人會問：

為什麼偏偏紅的是白居易，

唐朝第一「網紅」李白竟然排倒數？

其實也不怪日本人，首先，白居易的詩通俗易懂。

別人寫詩都是花式炫技，而白居易寫詩，

在乎的是老奶奶和小朋友能不能懂。

其次，白居易處於中唐，國家局勢由盛轉衰，
社會環境和當時的日本很像，寫出來的詩文筆好，
又能切中日本人的痛點，自然就能吸引他們啦。

吸粉　吸粉　吸粉　吸粉

直到今天，白居易生平所造四大園，
仍被視為日本園林的啟蒙教科書。
日本最大的電商被稱為「樂天市場」，
日本小說家夢枕貘——《妖貓傳》的作者，
也是白居易的鐵粉……

連洛陽白居易墓都有日本人去敬拜。

日本人曾在洛陽白居易墓前留字，大意如下：
偉大的詩人白居易先生，您是日本文化的恩人，
您是日本舉國敬仰的文學家，您對日本之貢獻，
恩重如山，萬古流芳，吾輩永志不忘。

即使日本人從唐朝乃至現在「粉」了白居易上千年，
但他們「粉」的也不過是半個白居易。

朕說歷史漫畫

日本人喜歡的白居易是淺顯的，是表面的，
他們喜歡的大多是他閒適、感傷類的詩。
殊不知，真正讓白居易感到得意的，
是他直對社會的、勇於批判社會不公的諷喻詩。
白居易熾熱、剛毅的一面，日本人並沒有看到！

半個白居易就可以讓日本瘋狂上千年，
由此我們可以看到，一個偉大的時代，
文化的傳承可以跨越時空和國界，
這就是大唐的魅力所在！

白居易

　　字樂天，號香山居士，唐代著名現實主義詩人，唐代三大詩人之一。白居易與元稹共同宣導新樂府運動，被後人合稱為「元白」，白居易與劉禹錫被後人合稱為「劉白」。白居易的代表作品有《長恨歌》、《琵琶行》、《賣炭翁》等。

新樂府運動

　　新樂府運動是唐代一次詩歌革新運動，由唐代詩人白居易、元稹等宣導，主張恢復古代的采詩制度，自創新題、詠寫時事，發揚《詩經》和漢魏樂府諷喻時事的傳統，使詩歌發揮了「補察時政」、「泄導人情」的作用，突出漢樂府的現實主義精神。

李煜：偏偏愛和命運
玩捉迷藏的文藝男孩！

五代十國是中國古代的亂世之一，
每個皇帝都愛增強武力值，但偏偏出了南唐後主——李煜
這樣一個和命運玩捉迷藏的文藝男孩。

李煜，乳名李從嘉（嘉：美好，善良，快樂），
投胎太慢，在家裡排行老六，皇位沒戲；
投胎太準，遺傳了老爸的文藝細胞，獨得恩寵。
老爸單純希望他做個快樂男孩，
於是給他取了這個名字。

李璟

做我的小兒子，好人一生平安就行。

兒童李煜

老爸，我一定做一個合格的紈絝子弟。

他終日泡在藏書 10 萬的圖書館，
看書、畫畫、唱歌、編舞、填詞、戀愛，
嚴格執行老爸的宏願：瀟灑自在。

天公不作美，就愛跟李從嘉玩捉迷藏——
你想要什麼，偏不給你什麼。

Round One 捉迷藏：和皇位躲貓貓

四個哥哥早夭，李煜成了老二，
擠進皇帝候選人熱門榜。

怕什麼來什麼，我只想當
一個合格的紈絝子弟。

李煜萬萬沒想到，天公還送了第二個外掛，
給了他一副帝王相——
大腦門、大暴牙、左眼兩個瞳孔，
雖說「矬」了點，但好歹跟舜、項羽撞個臉。

舜目蓋重瞳子，又聞項羽亦重瞳子。——《史記·項羽本紀》

在看臉的世界裡，大哥開始猜忌他、排擠他。

李從嘉絕不靠臉吃飯，為了安撫大哥，

確保自己的人身安全，他立刻學佛，隱居，取了很多綽號，

力證自己沒有世俗欲望。

李煜每天喝喝酒、釣釣魚，讀書、戀愛，
給哥哥發文，報告定位。

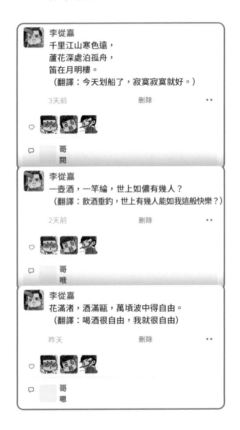

24歲以前，李煜逍遙自在，
作詞簡（寫）單（流）樸（水）素（帳），
不（沒）悲（心）不（沒）喜（肺）。

但大哥千防萬防，防不過一場急病。
對，他也死了。
李從嘉還是得登基，快樂男孩搖身成苦瓜職場衰男。

當皇帝使我快樂！

在爸爸的治理下，南唐積貧積弱，日薄西山。
不久，北方趙匡胤就會建立宋朝，南唐可能隨時被吞。
李從嘉登基後，改名李煜，希望能像太陽一樣，
照耀南唐，好好管理爸爸留下的爛攤子。

第六感告訴朕，希望是好的，但實現就難了。

剛接手爛攤子，詞壇霸主直接槓上宋朝梟雄趙匡胤。

李煜拿出一套老伎倆：

認保平安，主動巴結宋朝。

1 捨棄國號。

捨棄南唐國號，改稱「江南國主」。

2 年年送禮物。

這不僅保住了百姓的命，更解放了李煜的天性，
延續了他的奢靡生活。他停下皇帝的兼職業務，
開啟主業——填詞、作曲、編舞事業第一春。
除了顏值，業務直接「完勝」當代小鮮肉。

他親自將宮殿改成歌舞廳，
和老婆大周后唱《霓裳羽衣曲》到天亮——

皇宮「白富美」真多啊，可惜都是朕的。

晚妝初了明肌雪，春殿嬪娥魚貫列。
——南唐 101 李團長

簫聲太好，歌聲太棒。定要貪杯，不醉不歸。

鳳簫吹斷水雲間，重按霓裳歌遍徹。
——南唐夕陽紅歌舞團李團長

王國維在《人間詞話》中說：李煜為什麼能成詞霸？
他感情無節制、無反省地投入創作。
詞霸為什麼會亡國？他生活無節制、無反省。

簫聲吹了 15 年，吹到朝政荒廢生草，

宋朝突攻南唐，亡國鼓聲響起。

李煜又想拿錢求饒，卻低估了趙匡胤對「床」的執著，

他不喜歡跟別人「同床異夢」。

臥榻之側，豈容他人酣睡乎！

——《續資治通鑑長編》

被人踢下床，光著膀子投降，李煜沒哭。

看到被俘的宮女哭了，他痛哭流涕。

40 年家國，3000 里江山，

毀在我這個美男子手裡，如今我只能淪為俘虜，

揮淚告別我那些漂亮的宮女。

李煜這個太陽，還是把南唐燒焦了。

四十年來家國，

三千里地山河。

鳳閣龍樓連霄漢，

玉樹瓊枝作煙蘿。

幾曾識干戈。

一旦歸為臣虜，

沈腰潘鬢消磨。

最是倉皇辭廟日，

教坊猶奏別離歌。

垂淚對宮娥。

——《破陣子》

Round Three 捉迷藏：困獸之鬥

亡國之君——李煜，被押到汴京，

開啟了一輪悲劇的俘虜生活，同時打通了千古詞帝的任督二脈。

被趙匡胤軟禁，玩不了捉迷藏，李煜改玩爬樓梯，夜夜獨上西樓。

無言獨上西樓，月如鉤。

寂寞梧桐深院鎖清秋。

剪不斷，理還亂，是離愁。

別是一般滋味在心頭。

——《相見歡》

趙匡胤還封他為「違命侯」，硬是把他釘在皇帝恥辱柱上。

李煜好不容易熬到趙匡胤去世，

以為情況會有所改觀，卻沒想到宋太宗上位後，

直接搶了他的老婆小周后。

至此，李煜看破宇宙物理定律——

前半生舞場，後半生無常。橫批：苦才是人生。

林花謝了春紅，太匆匆。

無奈朝來寒雨晚來風。

胭脂淚，相留醉，幾時重。

自是人生長恨水長東。

——《烏夜啼》

李煜的詞為什麼寫得那麼好？

拿國家換的，能不好嗎？

他的詞為什麼那麼讓人共感？

 拿赤子之心換的，付出了血的代價。

尼采謂：「一切文學，餘愛以血書者。」
後主之詞，真所謂以血書者。——《人間詞話》

國破家亡，被俘、被辱、被搶老婆，
李煜為什麼不一死了之？

他怕死嗎？怕！

但他的赤子之心是，

哪裡能死往哪裡撞，他怕死嗎？

有一天，宋太宗讓南唐舊臣徐鉉去探望李煜。

李煜見到徐鉉，第一句話就懺悔：

我後悔當年錯殺了抵抗趙匡胤的潘佑、李平。

宋太宗聽到李煜這番真誠、單純又愚蠢的懺悔後，

暗暗起了殺心。

要說李煜真不怕死，或許是因為他要寫文。

懺悔到生命的最後一刻，站好詞人的最後一班崗。

而作為一個詞人，他唯一的長處，

就是敢說自己的話，真誠且敏銳。

而這長處，是他做皇帝的致命短處。

詞至李後主而眼界始大，感慨遂深。──《人間詞話》

簾外雨潺潺，春意闌珊。羅衾
不耐五更寒。夢裡不知身是客，
一晌貪歡。獨自莫憑欄，無限
江山，別時容易見時難。流水
落花春去也，天上人間。

——《浪淘沙》

意思大概是：對家業不拒絕、不承諾、不負責，
失去了才懂得珍惜，我是渣男我活該。

春花秋月何時了？往事知多少。
小樓昨夜又東風，故國不堪回
首月明中。雕欄玉砌應猶在，
只是朱顏改。問君能有幾多愁？
恰似一江春水向東流。

——《虞美人》

意思大概是：朕太太太慘了，太慘了，慘了，慘。

這聲慘叫實在太大聲了，
驚動了宋太宗──你想復國，可以，
你再也不用爬樓梯上西樓了，我送你下去。

西元 978 年，七夕佳節，
41 歲的李煜喝了毒酒，卒。對外公布死因：七夕命喪溫柔鄉。

又後主在賜第，因七夕命故妓作樂，聲聞於外。──《默記》

有人是挖坑王，有人是蹲坑王──
在哪個坑跌倒，就在哪個坑蹲著。
李煜啪的一下，毫不猶豫，做了後者。

在坑裡，有人蹲成了青蛙，

李煜蹲成了詞帝，學了一門手藝，

譜寫了坑王的

《捉迷藏的一生：做個才子真絕代，可惜薄命做君王》。

41 年前，一個文藝、無大志、「佛系」、

懦弱、好運、身不由己的嬰兒，

陰錯陽差地呱呱墜地。

他並不知道，

好皇帝和好詞帝的差別，有一條銀河那麼寬，

正如朕不知道──

朕和醜的差別，
也是一條銀河。

知識站

李煜

　　南唐後主、詩人，頗善書法、繪畫，通曉音律，詩文造詣極高。李煜繼承了晚唐以來溫庭筠、韋莊等花間派詞人的寫作風格，又受李璟、馮延巳等人的影響，詞作語言明快、生動鮮明。代表作有《虞美人・春花秋月何時了》、《破陣子・四十年來家國》。

趙匡胤（一ㄣˋ）

　　北宋開國皇帝，著名軍事家、政治家和戰略家。後漢時，趙匡胤投奔樞密使郭威。後周世宗柴榮時，隨征北漢、南唐，戰功卓著，晉升殿前都點檢。西元 960 年，奉命抵禦北漢及契丹聯軍時，在「陳橋兵變」中被擁立為帝。關於趙匡胤的典故有：黃袍加身、杯酒釋兵權。此外，趙匡胤玩蹴鞠（類似於足球）也玩得特別好，球技特別高。

柳永：如果優秀要被判刑，那我一定是無期徒刑！

在北宋，有這樣一個詞人，讓蘇軾心心念念，
時不時就找別人問，和那個詞人相比，他的詞如何。

我的詞和他的詞對比，如何？

詞人Ａ

如果非要比的話，大概就是——

那個人的詞　　憂鬱的年輕妹妹

他只是經過，你的世界，並沒有停留。

蘇軾的詞　　五佰老師

讓時間悄悄的飛逝，抹去我倆的回憶。

柳郎中詞，只好十七八女孩兒，執紅牙拍板，唱「楊柳岸曉風殘月」。
學士詞，須關西大漢，執鐵板，唱「大江東去」。——《吹劍續錄》

很明顯，這就像把硬漢和妹子強行放在一起比較，非常違和。

但蘇軾為何偏偏如此在意？

這人究竟是誰，有這麼大的魅力？

今天，就帶你走進北宋婉約派詞人柳永的世界。

柳永出生於官宦世家。

受到家庭的影響，柳永早早便訂下考公務員的目標。

18 歲時，他便帶上行囊與夢想，

踏上了進京 * 趕考的征程。

* 北宋京城是汴京，今河南開封，不是北京。

柳永沒想到，趕考途中的必經之地——杭州，

竟然改變了自己的一生。

畢竟他也不曾料到，杭州居然可以這麼好玩。

杭州地靈人傑，不先好好
玩玩就太可惜了。

柳永硬是玩到了 23 歲才收心，想起考公務員這件事。

於是他興沖沖地再次趕考，然而迎接他的卻是——

落榜、落榜、落榜和落榜。

玩了這麼多年都沒好好讀書，
這難道不是預料中的結果嗎？

就是嘛！

柳永落榜並不是因為他沉迷玩樂、荒廢學業，

反而是因為他太有才華，在杭州混出了名聲。

有名怎麼也成了錯呢？

主要是這個「名」好得有點偏。

柳永：愛看美女的平平無奇作詞小達人；

杭州：令人嚮往的進京必經過繁華大都市。

這兩者的碰撞產生了美妙的荷爾蒙反應。

畢竟，不愁吃穿的人們最愛娛樂圈，

娛樂圈少不得歌手，出色的好歌少不了好詞，

那些美豔動人、唱歌好聽的小姐姐急需一些好詞來提高身價。

柳永就是她們最缺的作詞人。

柳永葛格的詞太棒
了，下次先給我寫。

歌妓A　歌妓B

他先答應給我寫
的，你排隊去。

不過，柳永出名真正靠的不是那批好姐妹，反而是某個好兄弟。

不過，柳永出名真正靠的不是那批好姐妹，反而是某個好兄弟。

柳永給姑娘們作詞之餘，帶上了一首誇獎杭州好詞——

《望海潮 · 東南形勝》，拜訪在杭州當官的狀元孫何，

惹得孫何瘋狂按讚。

牛

相傳這首詞不只是狀元按讚，甚至影響了未來南宋的命運。

南宋遷都臨安府，而臨安就是現在的杭州。

隔壁金國的完顏亮碰巧讀了柳永這首詞，
被其對杭州的描述深深吸引，當即決定要奪過來自己享受享受，
於是在 1 年後真的發兵攻打南宋。
雖說他最終失敗了，但足見柳永這首詞的吸引力有多大。

> 如果優秀要被判刑，那我一定是無期徒刑！

此詞流播，金主亮聞歌，欣然有慕於「三秋桂子，十里荷花」，
遂起投鞭渡江之志。──《鶴林玉露》

從此，柳永名聞大街小巷，
甚至《避暑錄話》中記載「凡有井水飲處，即能歌柳詞」。

> 「井水飲處」是什麼典故？

現代流行學區房，古代流行水區房。

古代沒有自來水，全得靠打水，自然人人渴望離井水近一些，

而井水旁每天人流不息，逐漸形成「市井」文化。

所以，從「凡有井水飲處，即能歌柳詞」可見，

柳永的詞傳唱度有多高。

雖說柳永的詞是真的厲害，傳唱度也極高，

但在皇帝以及各位當官大佬的眼裡，這些詞實在是上不了檯面。

宋真宗趙恒在位期間，每次科舉都把柳永踢出去，

硬是踢了三次，氣得柳永寫了首《鶴沖天・黃金榜上》吐槽。

不得不說，年輕人終究還是年輕人，太衝動了。

雖說皇家瞧不上，但柳永有名是真有名，

所以這首吐槽詞早就被皇家記下，即便耗到宋真宗去世，

宋仁宗趙禎登基，皇家依舊沒有放過柳永。

其實，宋仁宗本人不僅不討厭柳永，還挺愛聽柳永作詞的曲。

柳三變＊游東都南、北二巷，作新樂府，

骩骳從俗，天下詠之，遂傳禁中。

仁宗頗好其詞，每對酒，必使侍從歌之再三。

——《後山詩話》

宋仁宗登基時還小，被太后垂簾聽政把持著。

這柳永又衝動，又愛亂吐槽，非得那麼直接地吐槽宋仁宗的老爹，

錄取他確實不好，正好柳永吐槽自己「忍把浮名，換了淺斟低唱」，

那乾脆就讓他「且去淺斟低唱，何要浮名」。

＊柳永原名柳三變。

於是，宋仁宗批下「且去填詞」四個大字，

讓柳永成了「奉旨填詞柳三變」。

對不起，我也沒辦法，你就好好填詞填坑吧，多出點專輯我也好聽。

那一年，柳永 40 歲。

經歷了第四次落榜不說，心愛的歌妓也要與他分別，

在這雙重打擊下，他寫出了學語文必背的那首詞──

《雨霖鈴 · 寒蟬淒切》，讓現代師生共同經歷痛苦。

從此之後，柳永就一直混跡各大青樓，

妹子們負責柳永日常開銷，柳永負責為她們寫詞。

他的詞裡充滿了人間的繁華與蕭索。

你以為他只懂燈紅酒綠風流快活，

其實他最能體諒在夾縫中生存的人們的不易；

你以為他只會寫一些帶有成人色彩的詩，

其實他也能寫下《八聲甘州‧對瀟瀟暮雨灑江天》

這種蘇軾見了都得誇一句厲害的盪氣迴腸的詞句。

【你以為的柳永只會】

玉樹瓊枝，
逸邏相偎傍。
酒力漸濃春思盪。
鴛鴦繡被翻紅浪。

【實際的柳永可以】

漸霜風淒緊，
關河冷落，
殘照當樓。
是處紅衰翠減，
苒苒物華休。
惟有長江水，
無語東流。

東坡雲：世言柳者卿曲俗，非也。如《八聲甘州》雲「霜風淒緊，關河冷落，殘照當樓」，此語於詩句，不減唐人高處。──《侯鯖錄》

你讀不懂他，就像最後你以為他完全放棄了考公務員，

他卻用行動告訴你，這事，他是認真的。

這是我最早立的目標，怎麼樣我都要達成。

柳永 50 歲那年，宋仁宗終於親政，

於是搞了次公務員擴招，而且有落榜經歷的優先錄用。

柳永傻呼呼地又去考了一次。

人生第五次科舉，柳永終於考中了進士，

雖說後面也沒當成什麼大官，至少 18 歲那年的理想還是達成了。

**人家 18 歲的理想堅持到了 50 歲，
你們 2023 年的減肥目標，2023 年
的第一個月估計就已經放棄了。**

朕說歷史漫畫

退休後的柳永又回歸「溫柔鄉」，直到去世再次上了十大新聞排行榜。

因為那一天全汴京的歌妓自發眾籌，

為一貧如洗的柳永舉行了隆重的出殯儀式。

她們排成長隊紀念這個願為她們發聲的人，

此後每年都有這樣的憑弔儀式，被稱為「弔柳七*」。

他生前就讓我羨慕，死後更讓我羨慕。

《宋史》裡沒有出現柳永這個人，畢竟這樣為「下九流」寫詞的人，

「上九流」根本看不上。但那又如何，他就是他，他就是柳永，

中國文學史上最奇葩又最美好濃烈的一罈深巷好酒。

雖然看不上我，但還是得學我。你說是吧，蘇軾。

呵呵。

近卻頗作小詞，雖無柳七郎風味，
亦自是一家，呵呵。

——《與鮮於子駿》蘇軾

* 柳永在家中排行第七，所以又稱柳七。

原名柳三變，又叫柳七，出身於官宦世家，北宋婉約派代表詞人，是中國第一位對宋詞進行全面革新的詞人，也是兩宋詞壇上創用詞調最多的詞人。柳永創作了慢詞，將敷陳其事的賦法移植於詞，並充分運用俗語，使宋詞具有獨特的藝術個性。

白衣卿相

古代指進士。古代殿試是科舉考試的最後一場考試，考生通過之後就成為「進士」。當了進士，基本上就前途光明，甚至可以當宰相。唐代人把進士科稱為「一品白衫」，就是說現在雖然穿著白衫，但是以後可能升職到一品宰相。

蘇軾：男人的浪漫就是當基礎建設狂魔！

說起蘇軾，

各位愛卿的第一印象可能是——

不是被貶就是在被貶的路上，甚至為避嫌主動要求貶官。

「九死南荒吾不恨，茲游奇絕冠平生。」來啊，讓暴風雨來得更猛烈一些啊。他樂觀，他豁達，他淋雨，「誰怕？一蓑煙雨任平生」。

美食家

春天到了，「正是河豚欲上時」；被貶黃州，「長江繞郭知魚美」，還寫了《豬肉頌》；被貶惠州，「日啖荔枝三百顆」，吃到犯痔瘡；被貶海南，喜歡吃生蠔，喜歡到給兒子寫信要他不要告訴別人，以防美食被搶；生病了偷吃，卻跟醫生說不是他要吃，是他的嘴自己動的。

既是天才，又是全才。

詩詞、散文、繪畫、書法，樣樣精通。不僅如此，他論畫
竹，而有了「胸有成竹」的成語；他評論王維的詩，而點
出了「詩中有畫，畫中有詩」的特點；他寫朋友的八卦，
而有了「河東獅吼」的成語；「取之不盡，用之不竭」、
「雪泥鴻爪」、「百讀不厭」……總之，蘇軾要麼沉默，
要麼所說的每句話都可能成為你日後要學習的成語……

而今天，朕要來說說蘇軾的另一面。

我只不過是在做那件令天下人
都快樂的事情罷了。

20 歲前，蘇軾沒什麼朋友。

難道蘇軾童年過得很悲慘，個性孤僻？

那倒不是，人家太聰明了，除了自家的弟弟，就沒有能跟得上他腦波的。

我年二十無朋儔（ㄔㄡˊ），當時四海一子由。

——蘇軾《送晁美叔發運右司年兄赴闕》

之後，蘇軾進京考試。

由於試卷都糊了名，當時的主考官——

文壇領袖歐陽修覺得手中文章寫得太好了——

寫得這麼好，一定是……

歐陽修

我的學生曾鞏寫的。不行啊，要避嫌，只能給個第二名了。

等到了歐陽修見識到蘇軾真正的文章，

立刻預言蘇軾是下一代文壇宗主。

就在蘇家三人名震京城的時候，

蘇軾的母親還沒聽到好消息就去世了。

蘇軾在服喪後回朝當官不久，他的妻子王弗也去世了。

不久，他的老爸也去世了。再不久，王安石開始變法，

蘇軾由於跟王安石政見不同，慘遭一貶再貶。

黃桑，莫非蘇軾每次遇到挫折靠美食就能樂觀起來？這不科學啊！我每次傷心也吃東西，吃完體重上升那就更傷心了。難道蘇軾真的就很樂觀，沒有抱怨過？

不能說沒有抱怨過，只能說抱怨得比你們更憂傷。

人生啊，真的好苦啊，太苦了，我就想躺著什麼都不做，歸隱山林。

人生本無事，苦為世味誘。

……今予獨何者，汲汲強奔走。──蘇軾《夜泊牛口》

如何讓自己興奮起來，

像寫詩、畫畫、吃吃喝喝這類文科生的基本操作，

蘇軾也不是沒做過。

但對蘇軾來說，更「精實」的是──

反對新法失敗到任杭州，蘇軾先是幫助知州修復錢塘六井，

監督捕蝗，賑濟災荒，除夕還在城外過夜。

到了密州，剛好碰上嚴重的蝗災，本來蘇軾已經很艱困了，

但他還是跟朝廷請求免稅，並且帶頭節儉，還親自沿城撿收棄嬰，

想辦法找人養育，就這樣救下了 1000 多人。

我也不是樂觀，就是整天想著搞基礎建設。

因為寫詩，蘇軾還被人檢舉，說他在詩裡暗暗諷刺「新法」。

面對不對的事情，蘇軾只會直接罵，怎麼會暗地裡諷刺呢？但當時的人不信，所以蘇軾也就被貶徐州了。

那後來怎麼樣呢？

熙寧 10 年（1077 年），黃河決堤，

55 個郡縣被淹，3 萬餘頃良田被淹，

當時上任徐州還不到 3 個月的蘇軾就全力投入到抗災中。

是歲河決曹村，泛於梁山泊，溢於南清河。……

複請調來歲夫增築故城，為木岸，以虞水之再至。朝廷從之。

——蘇轍《亡兄子瞻端明墓誌銘》

他號召軍隊跟人民一起築堤護城，奮戰了 2 個月，水才退了。

水退了，蘇軾也不安心，還讓朝廷加高修築舊城牆，

修建堤岸，以防類似的情況出現。

到了冬天，徐州人民因為防寒不足，常常冷得瑟瑟發抖。

於是，蘇軾就派人四處尋找煤礦，

經過一年查找，終於在白土鎮找到了。

君不見前年雨雪行人斷，城中居民風裂骭……
為君鑄作百煉刀，要斬長鯨為萬段。——蘇軾《石炭》

蘇軾帶頭挖煤，不僅解決了徐州人的取暖問題，
還確保了兵器的冶煉跟生產，然後……他就又被貶了。

因為「烏台詩案」，
蘇軾被囚禁 130 天後被貶黃州（今湖北黃岡）。
當時，他雖然還是當官的，但已經領不到工資了。
有個書生就跟官府要了塊荒地給他，
在這裡，蘇軾給了自己一個號──東坡居士。
要知道，這時候，蘇軾已經是個罪人，
還被貶到一個荒涼的地方，政治生涯可以說是完蛋了。

小舟從此逝，江海寄餘生。

──蘇軾《臨江仙·夜歸臨皋（《ㄍㄠ）》

就是因為偶爾流露的這種傷感，
蘇軾就被人造謠死亡了。

我們的東坡大人不是很樂觀嗎？寫這樣的詩，他是不是已經死了？得趕緊去看看。

等人們趕到蘇軾的住處，卻發現他在⋯⋯睡覺打鼾。

我只是頓悟了。

在這裡，蘇軾還寫下了大名鼎鼎的《念奴嬌·赤壁懷古》、《赤壁賦》和《後赤壁賦》。

這之後，蘇軾的一個孩子也夭折了，而他的政敵還在不斷地控告他。
雖然因為宋神宗去世，
蘇軾得以回朝升官做到翰林學士（相當於皇帝的祕書官），
但曾經跟他站同一條戰線的司馬光卻跟他漸漸有了分歧。
可是不久後，司馬光也去世了。

太慘了，那蘇軾怎麼辦？

繼續做基礎建設啊。

因為一直被人言論攻擊，蘇軾就請求去了杭州，
而此時的杭州卻面臨著一場瘟疫。蘇軾到杭州後——

免稅跟開倉賑濟是最基本的，我還要建「病坊」（類似醫院）。

不僅如此，據學者們研究，蘇軾當時採用唐代「以工代賑」的辦法，

發動疏浚鹽橋、茅山兩河的工程，

使溝通大運河與錢塘江的水道得以暢通。

他還組織人挖河道，建造堰閘，

為治理因海水挾泥沙倒灌所造成的河道淤塞提供了成功的經驗。

蘇軾這些舉措還解決了當時人們因為災情沒法復工的問題，可以說是一舉多得。

說到杭州，就不得不提西湖，

不過當時的西湖「葑（ㄈㄥ）合平湖久蕪漫，人經豐歲尚凋疏」，

湖裡野草瘋長，根本沒有給人們帶來什麼價值。

幸好，西湖遇上了蘇軾。

蘇軾一到西湖，就開建「蘇堤」，疏浚湖底，還建了小石塔，

也就是今天西湖著名旅遊景點「三潭印月」。

西湖現在這樣美，讓我來作一首詩吧：我識南屏金鯽魚，重來拊檻散齋餘⋯⋯忽然想吃魚了。

蘇軾在被貶的一路上，可謂將「基礎建設」貫徹到底。

他被貶一個地方，就建設一個地方。

 修治黃河，開發溝渠。

 利用水力做碓磨以春米麥，推廣新式農具。

 鼓勵教育，鼓勵人們種菜，重視農業，批評當地讓男人閒著而讓女人工作的習俗。

希望蘇軾一年一貶，貶到我們這裡。

啊這，蘇軾不就是把有限的生命投入到無限的為人民服務中嗎？

所以華人世界那麼喜歡蘇軾，不僅僅是因為他樂觀豁達，還因為他真正在做實事，並且樂於分享新鮮食譜。

年輕的時候，蘇軾的理想是做一個快樂的神仙——

「侶魚蝦友麋鹿」。

在他以後艱難的生活裡，他的追求又變成

「爭勸加餐食，實無負吏民」……吃多點，做建設。

也許做這些事情能讓別人快樂，別人的快樂也感染到我，讓我也變快樂了吧……

就像朕的漫畫能讓各位愛卿快樂，而你們的快樂也會感染朕，朕也會因此快樂！

三蘇

北宋散文家蘇洵和他的兒子蘇軾、蘇轍的合稱，三人均名列「唐宋八大家」。清代名臣張鵬翮（ㄏㄜˊ）曾為蘇姓宗祠撰寫門聯稱讚「三蘇」：「一門父子三詞客，千古文章四大家。」

東坡肉

作為一名合格的美食家，蘇東坡不僅會吃，還發明了食物的新吃法。西元 1077 年，蘇軾時任徐州知州。7 月，黃河決口，蘇軾帶領百姓抗洪兩個月。百姓為了表示感謝，送了豬肉給蘇軾。蘇軾研究出了豬肉的新吃法，並跟百姓一同分享。當蘇軾被貶到黃州時，他親自動手烹飪紅燒肉並將經驗寫入《豬肉頌》，這就是「東坡肉」名字的由來。蘇軾在杭州時，跟百姓抗洪再次成功，百姓這次就很懂，直接給蘇軾豬肉，蘇軾烹製好豬肉回贈給百姓。這件事之後，東坡肉聞名全國。不過在宋代，羊肉實際上比豬肉貴。蘇軾雖然大力稱讚豬肉，但最愛的還是羊肉。在夜深人靜的時候，蘇軾就曾偷買過羊脊骨解饞。

辛棄疾：戰鬥力不強的男人，就不是好男人！

朕終將成為朕，這是朕從小就知道的。

但朕今天要說的這個人，

從小以為自己會成為戰鬥力超強的大英雄，

後來卻只能用筆揮斥方遒，浪費了那身魁梧的肌肉。

你看我像文人騷客嗎？

辛棄疾，字幼安，號稼軒。在你們眼中，

他是南宋文藝好青年，粉絲給他組了很多 CP。

蘇軾

我們是蘇辛 CP。

李清照

我們是濟南二安 CP。

辛棄疾出生的時候，「靖康之難」已過了 10 多年，

他的家鄉山東濟南早已是金人的地盤。

可能是吃過了煎餅卷大蔥，

金人又想嚐嚐江南的白糖藕、馬蘭頭、松子魚、蓴菜湯、宋嫂魚羹，

於是他們再次南下侵宋（西元 1161 年）。

北方豪傑趁機紛紛起事。

辛棄疾抓準機會，帶著他招來的 2000 多個小弟，

投奔了起義大軍。

和他一起投奔義軍的，還有一個名叫義端的花和尚。

某個深夜，月黑風高，義端偷走義軍老大的帥印，
一路開溜，準備獻給金軍。

但走到半路，
出現在他面前的卻是抄近道攔截的辛棄疾。
看著辛哥強壯而飽滿的肱三頭肌，
花和尚當場就給跪了。

義端曰：「我識君真相，乃青兕*也，

力能殺人，幸勿殺我。」

——《宋史・辛棄疾傳》

手起，刀落。

鮮血，人頭。

這一刀，砍出了辛哥「辛青兕」的外號，

也砍出了他好男兒就要戰鬥力超群的宣言。

在朋友眼中，辛哥從此成了「禽獸」一般勇猛的人。

眼光有稜，足以照映一世之豪；背胛有負，足以荷載四國之重。

——陳亮《辛稼軒畫像贊》

* 青兕：古代犀牛類獸名。獨角，青色，重千斤。《西遊記》裡，太上老君的坐騎
就是這種神獸。

精神此老健於虎，紅頰白鬚雙眼青。
——劉過《呈辛稼軒》

那一年辛哥 22 歲，手中的長刀滴著血！
第二年，義軍決定歸宋。
辛棄疾前腳去建康找皇帝商談，
後腳義軍大本營裡就又出現了一個叛徒，
他的名字叫張安國。

我懷疑我身邊的人都是叛徒！

殺掉義軍首領，逃入金國大營後，

張安國鬆了口氣：「來啊來啊，你來殺我啊——」

辛哥聽完只說：「喔，好啊。」

他領著 50 名小弟，闖入金軍 5 萬人大營，

把張安國拖出來，一路跑回江南，斬了。

敵軍數量太多啦！風緊扯呼＊！

張安國

從此，辛棄疾成了一個傳說，聲聞朝野，名傳廟堂。

壯聲英概，懦士為之興起！聖天子一見三嘆息。

——洪邁《稼軒記》

「其實我還有很長的路要走，所以，大將軍對我來說是個挑戰！」

歸宋前，辛棄疾連面對媒體的講稿都寫好了。

但再次踏上江南的土地，他才發現，媒體才不採訪大將軍，

他們都在聊八卦！而南宋的權貴們活得紙醉金迷，玩得不亦樂乎。

＊ 風緊扯呼：古代暗語，意思是發現勢頭不好，立刻主動撤離。

朕說歷史漫畫

「你今天別回家，今晚打鐵 Night……」

「老大，咱們去打架！」南宋皇帝瞇著眼，不說話。

「老大，咱們兵分三路！」南宋皇帝瞇著眼：「呵呵——」

於是，辛棄疾在南宋 30 多年的生活，

不是外放做官，就是賦閒在家。

30 多年裡，他做得最多的，不是殺敵，而是思考。

思考的結果，就是無盡的迷茫——

不如，寫幾首詞吧，讓所有人陪我一起迷茫。

夢境裡恍恍惚惚，他寫遙遠的年輕歲月——
醉裡挑燈看劍，夢回吹角連營。
——《破陣子·為陳同甫賦壯詞以寄之》

現實中歡度佳節，他寫夜色中尋找倩影——
眾裡尋他千百度，驀然回首，那人卻在，燈火闌珊處。
——《青玉案·元夕》

一個人喝醉了，就突然撐住樹幹，不讓樹去扶他——

昨夜松邊醉倒，問松我醉何如。只疑鬆動要來扶，以手推松曰去。

——《西江月·遣興》

他感慨豪情不再——

風流總被，雨打風吹去。——《永遇樂·京口北固亭懷古》

也不忘平淡的生活——

茅簷低小，溪上青青草。醉裡吳音相媚好，白髮誰家翁媼？

——《清平樂·村居》

他把很多話寫在詞裡，最終成了詞壇紅人。

但他多少總是有些不甘心，直到生命將逝，

他還在用最後的力氣呼喊：

三聲「殺賊」，又飽含著多少不甘呢？

所以後人說起辛棄疾的詞——
稼軒斂雄心，抗高調，變溫婉，成悲涼。
——周濟《宋四家詞選》

他沒有成為大將軍，遺憾了一輩子。
但他若成為大將軍，
我們又看不到他那悲傷、壯烈、哀婉、綺麗的文字。

所以該怎麼選擇？

路和人生一樣，都是需要選擇的。

朕此時說話，就不能閉嘴裝酷。
朕高深莫測，就難以平易近人。

所以，選都選了，還遺憾個什麼勁？！
往好的方面看！人家辛棄疾拿起了筆，
在文學和歷史上留下了一個不可磨滅的名字。

朕說歷史漫畫

辛棄疾

　　南宋著名抗金將領、文學家，豪放派詞人代表，有「詞中之龍」之稱。與蘇軾合稱「蘇辛」，與李清照並稱「濟南二安」。辛棄疾一生以收復中原為志，以功業自許，卻命運多舛、壯志難酬。但他始終沒有動搖收復中原的信念，而是把滿腔激情和對國家興亡、民族命運的關切，全部寄寓於詞作之中。代表作有《破陣子・為陳同甫賦壯詞以寄之》、《南鄉子・登京口北固亭有懷》等。

李清照

　　宋代傑出女詞人，婉約詞派代表，有「千古第一才女」之稱，與丈夫趙明誠共同被世稱為金石名家。李清照的詞風格分為兩個階段，前期多寫悠閒生活，後期多悲嘆身世，情調感傷。代表作有《如夢令・昨夜雨疏風驟》、《聲聲慢・尋尋覓覓》等。

靖康之難

　　西元 1125 年，金軍分東、西兩路攻宋。宋徽宗見勢，禪位於太子趙桓。1126 年正月，金東路軍攻至汴京城下，逼宋議和後撤軍。1126 年 8 月，金軍兵分兩路攻宋；閏 11 月，金兵又兵分兩路攻克汴京。1127 年 3 月，金軍擄走徽、欽二帝及宗室等數千人，掠奪文籍、寶器法物，北宋滅亡，史稱「靖康之變」或「靖康之難」。

王陽明：特立獨行的我，究竟該怎麼理解這個世界？

生活盡是給人出難題，

比如讓你選擇以下其中一樣：

A 巧克力味的便便

B 便便味的巧克力

但有一個人會把這兩種味道都嚐了，

並且告訴你還有第三種選擇。

這樣一個「傻子」，卻讓人記住這樣一條鐵律——

千萬不要惹到他。

這個「傻子」是誰？

我們暫時稱呼他「小王」。

【克勞德・王，瞭解一下】

小王從小到大從來沒讓人省心過，

打在娘胎裡就是個問題兒童——

在娘胎裡待了 14 個月後，

有一天，小王的祖母夢見神仙送子，

小王的老媽這才生下他。

家裡人立刻給他取了個名字，要很傳奇，要很有仙氣。

嗯，最重要的是要很特別！！

結果這名字取得特別沒存在感、特別隨便——王雲。

英文名：克勞德・王（Cloud Wang）。

取名後，這孩子卻一直不說話，

只顧著和爺爺膩在一塊彈彈琴，比悶葫蘆還要悶葫蘆。

直到一個和尚告訴老王家：你這孩子的名字不行啊，得改個名。

沒想到改名後，小王就直接背起書來。

哈哈哈
好暖和~

兒啊，下次有意見咱們說出來好嗎？！
你憋了 5 年，老爸心臟承受不了啊！

祖母夢神人自雲中送兒下，因名雲。五歲不能言，異人拊之，更名守
仁，乃言。——《明史・列傳第八十三》

到了 12 歲，小王提出個問題：人為什麼要讀書呢？

當時的滿分答案：為了做官考狀元。

但是小王給了零分答案：為了當聖人。

結果，不僅當時的老師笑他是傻子，就連他老爸也想敲他腦袋。

兒啊，你爸我讀書很厲害，所以贏得了很多人的尊敬。讀書就是為了做官當狀元，聖人是你想做就能做的嗎？你傻嗎？！

可是孔子這樣的聖人也是從人做起的啊！

我要不要再加把火……

小王的老爸內心很崩潰，卻阻擋不了小王依舊過著自己的生活。
然而，15 歲的某一天，小王消失了……

朕說歷史漫畫

15 歲的小王離家出走一個月，自己一個人跑到居庸關考察。

大家覺得他膽子大，罵他又做了一件傻事。

他老爸懷疑是不是青春期的荷爾蒙作祟，才讓小王如此叛逆。

於是，他就給小王說了門親事。

結果，在結婚當晚，小王又消失了。

明朝的科舉很重要，幾乎可以決定一個人的一生。

當時十分流行宋代理學家朱熹的理論，

他所說的一切就是科考的標準答案，有了標準答案不抄，

反而要自己千辛萬苦地去示範一遍，

並且最終落下大病根的這個「傻子」又是小王。

小王

按照朱熹「格物致知」的說法，盯了7天的竹子，根本看不出什麼道理……朱熹這個大混蛋，害我現在感冒發燒，我會不會死？

3分鐘前　刪除

 好友錢氏老爹　　　2分鐘前

我家小錢被你騙去看了3天竹子，病了好久。你傻就算了，居然傳染給我兒子！

 小王老爸　　　1分鐘前

你是要氣死我啊，怎麼可以罵神聖的朱先生呢？！

但是接下來小王卻沒有那麼幸運。

小王科舉考了三次，好不容易當了官，

卻遇到了一個足夠改變他一生的男人 —— 太監劉瑾。

【即便被玩死，棺材也要自己挑！】

明正德皇帝朱厚照是個愛玩的人，

玩得太過頭，政權就落在太監劉瑾手裡。

劉瑾在朝中為所欲為，一些看不慣他的大臣就被抓了。

此時，小王就站出來了。

誰不知道劉瑾一手遮天，沒人敢得罪他，你現在去彈劾他簡直是找死。你會被他玩死的，你家人也會被連累的。你是不是傻啊？！

大臣

結果，劉瑾送了 40 大板給小王，
並將他貶到貴州龍場去，還派了殺手要將他滅口。

這一次，小王聰明一回，假裝跳水自盡逃過了一劫。
然而，龍場這個地方苦啊，不僅鳥不拉屎，
小王還不會當地人的語言。

瑾怒，廷杖四十，謫貴州龍場驛丞。龍場萬山叢薄，苗、僚雜居。
——《明史 · 列傳第八十三》

沒有哪個人的一生是一帆風順的，
此時心態最重要！！
小王心態還是崩了，他給自己挖了一口石棺材，
躺在裡面思考人生，歷史上稱這件事為「龍場悟道」。

四周是那麼寂靜，萬古星辰依舊閃耀。

那晚，他思考了世界上最「傻」的問題之一——

我究竟應該怎樣理解這個世界？

【特立獨行】

4 年後，劉瑾被殺掉，

而小王剛回到朝中就被派去打盜賊。

這群盜賊很是狡猾，小王卻說動被安插在官府裡的盜賊間諜，

並讓他們再去當官府的間諜，上演了一齣諜中諜。

守仁至，知左右多賊耳目，乃呼老黠隸詰之。隸戰慄不敢隱，因貰其罪，令詗賊，賊動靜無勿知……悉引入祥符宮，厚飲食之。賊大喜過望，益自安。——《明史‧列傳第八十三》

就在小王將盜賊打得哇哇叫之後，
另一件大事發生了——江西有人要反！
這個人就是皇帝的親戚甯王。

這一次，小王用了 35 天（一說 43 天）就平定了叛亂。
但皇帝朱厚照卻想藉平叛的機會到江南去，
小王沒辦法，只能將甯王放了，讓皇帝親自去抓。
嗯……朱厚照，你開心就好。

凡三十五日而賊平。京師聞變，諸大臣震懼……又欲令縱宸濠湖中，
待帝自擒。——《明史・列傳第八十三》

雖說平定了叛亂，但小王反而因此引來了嫉恨，
此後的道路並不好走。
但只要朝廷需要，他就是那個挺身而出的「傻子」。

所有人都在罵小王是傻子，

就連給他寫墓誌銘的好友湛若水，也嫌棄他前半生是傻子。

小王好友
廣東增城人
湛若水

小王，你真是個傻子，年紀輕輕就沒了，前半生走錯路，做什麼俠客，騎什麼馬，寫什麼文章，還學什麼道學、佛學……可憐啊！

初溺於任俠之習，再溺於騎射之習，三溺於辭章之習，

四溺於神仙之習，五溺於佛氏之習。正德丙寅，始歸正於聖賢之學。

——湛若水《陽明先生墓誌銘》

然而這個「傻子」的學問，「知行合一」、「致良知」等，

現在卻備受推崇。有人說，21 世紀是小王的世紀。

曾國藩、陶行知等都為他所折服。

日本人用他的理論推動了明治維新，讓日本近代快速發展起來。

作家王小波曾說：

「人年輕時，最痛苦的一件事就是決定自己要做什麼。」

當別人只告訴你兩個選擇時，最可怕的是你真的相信就只有兩個選擇，

結果自己殺死那個可能的自己。

小王不是沒有遇到困難，但他做出了第三個選擇——

找到那顆巧克力味的巧克力。

朕說歷史漫畫

除了這隻豬，還沒見過誰敢於如此無視對生活的設置。

相反地，我倒見過很多想要設置別人生活的人，

還有對被設置的生活安之若素的人。

——王小波《一隻特立獨行的豬》

你問小王對於這樣的一生有沒有後悔過？

他回答道：此心光明，亦復何言。

我一生都按自己的追求來活，
內心光明坦蕩蕩，這就足夠了。

你想走屬於你自己的道路，你並不孤獨。

因為幾百年前，人群中就有這樣一個逆行者。

那麼，這個「傻子」是誰？

他就是明朝最具魅力的王陽明！

王陽明

　　王守仁，號陽明，明代傑出思想家、文學家、教育家、「心學」集大成者。王陽明反對把孔孟的儒家思想看成一成不變的戒律，反對盲從封建倫理道德，強調個人能動性，提出「致良知」的哲學命題和「知行合一」的方法論，要求衝破封建思想禁錮，呼籲思想和個性解放。王陽明的心學傳到了日本、朝鮮等國。其弟子極眾，世稱「姚江學派」。

朱厚照

　　即明武宗，明朝第十位皇帝，被後人認為是明朝最離譜的皇帝。朱厚照從小機智聰穎，喜歡騎射。即位後，重用以劉瑾為首的八名宦官，不顧朝政，自己整日戲玩娛樂。在西華門建造密室，稱為「豹房」、「新宅」，每日沉浸其中。他的荒淫無度和宦官的恣意妄為，致使階級矛盾不斷激化，農民起義接連不斷。劉瑾死後，他寵信江彬，導致朝政荒廢，最終引起宗室安化王朱寘鐇和甯王朱宸濠的叛亂。

徐霞客：世界那麼大，我想去看看！

如果有人說想一輩子做自己喜歡的事情，

不知道各位愛卿會怎麼想呢？

**做自己喜歡的事情需要鉅款支撐，
沒有生存壓力，否則社會的毒打很
快會讓人放棄那些不賺錢的愛好的。**

那麼，真是這樣的嗎？

西元 1608 年，22 歲的徐霞客

終於可以開始實踐自己一直以來

那個不僅不賺錢還要倒貼錢的愛好──

**大丈夫當朝游碧海而暮蒼梧，
是男人，就應該出門走遍天下。**

要按古代一般人的人生經歷，

此時的徐霞客應該要好好讀書準備科舉才是。

但是，徐家卻有個奇怪的基因：

對科舉免疫。

徐霞客的高祖徐經，各位愛卿可能不太熟悉，

但愛卿們一定熟悉他的好友──

明朝著名窮畫家唐伯虎。

為什麼你會選擇跟唐伯虎交朋友呢？

我交朋友不在乎他有錢沒錢，反正都沒我有錢。

徐經

這兩個人很要好，好到一起參加科舉，

好到一起落榜──

有流言說，徐經買了科舉試卷，

為了避嫌，朝廷只能讓徐經落榜。

同時，也讓考得不錯但是是徐經好友的唐伯虎落榜。

朝廷，我跟你講，你這樣會失去我們徐家的人才的。

敏政總裁會試，江陰富人徐經賄其家僮，得試題。

事露，言者劾敏政，語連寅，下詔獄，謫為吏。

——《明史·列傳第一百七十四》

從此，徐家的人彷彿就遺傳了這樣一個不想當官的基因，
徐霞客的老爸不要求自己的孩子做官，徐霞客的老媽也說——

兒啊，不用管媽媽，你要過好自己的人生，想做什麼就去做吧。

遠遊冠我都給你做好了，你還賴在家裡就說不過去了。

於是，從 22 歲開始，徐霞客便開啟了他的旅遊人生。

「東渡普陀，北歷燕冀，南涉閩粵，西北直攀太華之巔，

西南遠達雲貴邊陲」，大半個中國他都走過。

他不走官道，他想要的是「達人所之未達，探人所之未知」。

只要有名勝，再艱難曲折的道路他都要去。

董其昌說他是「仲子好遠遊，所至必探幽窮勝，

傾其獨行嶔崎之士」。

越是走艱險的道路，他就越興奮。

登過祖國有名的高山，他說：

「薄海內外之名山，無如徽之黃山。」

（後來被傳成「五嶽歸來不看山，黃山歸來不看嶽」。）

攀登黃山的時候，遇上大雪封山，

於是他就坐著聽了一天雪落下的聲音。

初四日，兀坐聽雪溜竟日。——徐霞客

他見過黃果樹瀑布，看過桂林石峰；
他見過丹霞地貌，去過西南民族獨特的村寨，
踏過修築在丘陵上的梯田……

可是，走著走著，他發現——

這些圖描繪的那些山川怎麼都是錯的！知不知道我因為這些地圖走了多少彎路！

山川面目，多為圖經志籍所蒙。——徐霞客

這些記載只是道聽塗説，根本沒有進行實際的探測！

昔人志星官輿地，多以承襲附會；即江、河二經，山脈三條，
自紀載來，俱囿於中國一方，未測浩衍。——徐霞客

正因如此，他的旅行不僅僅是看看山，看看水，寫寫文，

他要做的是重新考察。

我要讓所有人見識到祖國大好河山的真面目。

於是，他探索了很多河流的水源，

找到了長江的發源地，並寫下了《溯江紀源》，

糾正了由戰國時期《禹貢》流傳下來的「岷江導江」這個錯誤的說法。

他考察了石灰岩地貌，

這是世界上第一次有人有系統地探索和記載喀斯特地貌。

他發現了鐘乳石和石筍的形成原理，考察了火山、溫泉，

觀察出各種地貌、地勢以及不同氣候下植物生長的不同情況。

他還記錄下少數民族的耕種和生活情況，

順便在考察的途中用科學知識破除了迷信。

在這一路上，他也收穫過友誼。

有個叫靜聞的和尚想送經書到雲南雞足山，

而徐霞客恰好也要去那裡，於是兩人結為旅友。

只是，在半路上兩人遇上了強盜。

靜聞在死前，希望徐霞客能幫他完成願望。

在徐霞客的記載裡，

他說「從西北富民觀螳螂川下流，而取道武定，以往雞足」。

短短幾句話，概括了他一路上的艱難。

最終，他完成了對靜聞的承諾。

但，雞足山也是徐霞客人生考察之旅的最後一站，
在這之後，徐霞客就病逝了。

22-30 歲，他的出行半徑 * 約 500 公里；
34-51 歲，他的出行半徑約 1000 公里；
52-53 歲，他走得更遠更深，
出行半徑達 2000 多公里。
這中間他有過幾年的停頓，但每一次，他都決意再出發。

*出行半徑，就是絕大多數的出行起點或終點都分布在以此為半徑的圓圈之內。

張騫鑿空，未睹昆侖；唐玄奘、元耶律楚材銜人主之命，乃得西遊。

吾以老布衣，孤筇雙屨，窮河沙，上昆侖，歷西域，

題名絕國，與三人而為四，死不恨矣。——錢謙益《徐霞客傳》

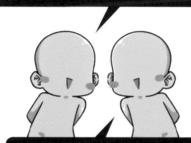

徐霞客能這麼玩耍，還不是因為他祖上有錢？他是個「富 N 代」，他的父母支援他，換作是我，我也能這樣不顧一切地做自己喜歡的事情。

當時有很多驛站可以讓他居住，還有人給他抬轎子呢。

徐霞客就沒有經歷過社會的毒打嗎？他爬危險的山峰，鑽幽深的山洞；

他走過沒人開墾的道路，常常幾天幾夜沒東西吃；

他還被山賊打劫過，甚至要用自己的衣服去換錢……

徐霞客不走官道，很多驛站他也遇不上，讓人給他抬轎子是因為他身體不適而又急著去處理靜聞和尚的後事。

他可以窮，可以落魄，可以生病，可以孤獨，

但是 30 多年裡，他不能停下腳步。

沒辦法啊，不這樣，我活不下去啊。

那些選擇其他生活方式的人也沒錯，

只是他們在羨慕其他人、抱怨自己生活的時候，

卻忽視了一個最簡單的問題：我快樂嗎？

徐霞客一直在做的，不過是一件讓他自己快樂的事情罷了。

5 月 19 日是中國旅遊日。

因為徐霞客在《遊天台山日記》裡寫到，

在西元 1613 年 5 月 19 日，他開始遊歷名山大川。

**希望未來的人們也能夠去看看我們的
大好河山，做自己喜歡做的事情。**

知識站

徐霞客

　　徐弘祖，號霞客，明代著名地理學家、旅行家和文學家，遊歷 30 多年，足跡遍及現今 21 個省、市、自治區，並撰寫遊記，被世人稱為「千古奇人」。

《禹貢》

　　《尚書》中的一篇，把夏禹治水傳說發展成為一篇珍貴的古代地理記載，用自然分區法記述當時中國的地理情況，是中國最早的一部科學價值很高的地理著作。

明朝四大科技著作

　　《本草綱目》、《徐霞客遊記》、《農政全書》、《天工開物》並稱為「明朝四大科技著作」。

　　《本草綱目》，明代李時珍撰寫的具有極高醫學價值的著作，分 16 部 60 類，載藥 1892 種，還配上了相關草本植物的插圖，系統地總結了中國 16 世紀以前的藥物學知識和經驗，是中國藥物學、植物學的寶貴遺產，對中國藥物學的發展起著重大作用。

　　《農政全書》，明代徐光啟撰，其門生陳子龍等在其死後整理編定。全書 60 卷，70 多萬字，涵蓋了明代農業生產和人民生活的各個方面，展現了古代中國勞動人民積累了數千年的耕作經驗，是明代重要的農業科學巨著。

　　《徐霞客遊記》，明代地理學家徐霞客創作的一部散文遊記，由季夢良、王忠紉編次成書，其地理學價值和文學價值都很高。

　　《天工開物》，明朝著名科學家宋應星創作的科學著作，全書收錄了農業、手工業等方面的生產技術，諸如機械、磚瓦、陶瓷、硫黃、製鹽、採煤、榨油等，是世界上第一部關於農業和手工業生產的綜合性著作，是中國古代一部綜合性的科學技術著作，外國學者稱其為「中國 17 世紀的工藝百科全書」。

金聖嘆：科舉零分，段子滿分，他是明朝最有毒的才子！

明朝可能是歷史上最特別的朝代，
除了皇帝多多少少有點瘋癲，
民間也出了一個叫金聖嘆的任性男孩。

聖嘆

金聖嘆，初名采，
11 歲時受戒歸入佛門，
研讀《妙法蓮華經》等佛學經典。
那麼，他慈悲為懷、四大皆空了嗎？

真實的金聖嘆這人是這樣的——

跟我混有牌面！　我就是厲害！　社會有型哥有樣！

為人倜儻高奇，俯視一切。──《二十七松堂集 · 卷十四》

作為封建社會「被大海冠名的浪人」，

他小時候就跟別的小朋友不一樣。

那時候為了考科舉，大家都在研讀國家指定教材，

古代版的「五年科舉三年模擬」──

《論語》、《大學》、《中庸》、《孟子》等。

吾數歲時，在鄉塾中臨窗誦書，每至薄暮，

書完日落，窗光蒼然，如是者幾年如一日也。

——《金評水滸》

但金聖嘆偏不，在課堂上他偷看課外書，

《水滸傳》、《西廂記》……

鼓吹同學罷課。

每與同塾兒竊作是語：不知習此將何為者？——《金聖嘆批評本水滸傳》

金聖嘆首張專輯《等你罷課》首播破 10 億。

看別人放風箏，坐等風箏線斷掉——

喀，斷！

還有沒有公德心了？

看人風箏斷，不亦快哉！——《三十三不亦快哉》

去野外玩玩火——

看野燒，不亦快哉！——《三十三不亦快哉》

朕可不能像他這麼皮，誤國啊！

這個金聖嘆跟黃桑好像啊！

　　金聖嘆雖然皮，但並不耽誤他的功課。
　　學成之後，他依照姑父姑母的期望參加科舉。*

第一次鄉試，他便嶄露頭角，成為中國零分作文第一人。

　　　　當時的作文題目是：西子來矣。

　　據說，金聖嘆全文就寫了 32 個字：
　　　　開東城，西子不來；
　　　　開南城，西子不來；
　　　　開北城，西子不來！
　　　開西城，西子來矣！西子來矣。

　　考官看完，批覆道：「秀才去矣！秀才去矣！」

* 金聖嘆幼年遭受家難，父母雙亡，由姑父姑母撫養。

冷靜，消消氣，做人最重要的是開心！

金聖嘆吸取了第一次的教訓，再次參加科舉，表現就更出色了。

這次的作文題目是：如此則安之動心否乎。

據說，這次金聖嘆再次「正常」發揮：空山窮谷之中，黃金萬兩；

露白葭蒼而外，有美一人，試問夫子動心否乎？

動動動動動動動動動

動動動動動動動動動

動動動動動動動動動

動動動動動動動動動。

他寫了 39 個「動」字，因為孟子說過「四十不動心」。

金聖嘆先後參加了三次科舉，每次都讓考官頭大。

他終於熬到了明朝滅亡，等到清朝順治上位的時候，
金聖嘆這個名字已經徹底進了科舉黑名單，
每個考官心裡都為他留下了一個角落的憂傷。

進黑名單不要緊，
死豬不怕開水燙，考場越嚴我越狂。
考官可能不知道，世界上有種行為叫註冊小號。

沒錯，金聖嘆，改名了……
還是原來的配方，還是熟悉的味道——

在下金人瑞，有何貴幹？

改名金人瑞後，金聖嘆又來參加科舉了。

但這次，他決定不皮了，細心審題，小心求證，引經據典，嚴禁裝腔。

一不小心，他就考了個第一名。

宣布考試成績的時候，考官終於看到了這個金人瑞。

金聖嘆決定當個縣令，學一門「樂器」。

每當日暮時分，金聖嘆忙完手頭的工作，

都會認真地練習這門樂器，它的名字叫 —— 退堂鼓。

作縣官，每日打鼓退堂時，不亦快哉！ ——《三十三不亦快哉》

金聖嘆並沒有當太久的縣官，史料上也沒有他當官的詳細記載，
只知道他中年的時候，或許是為生活所迫，
或許是不再年少輕狂，金聖嘆成了一名教書育人的老師。

同學們，要不要一起翹個課？

啊，不對，我是老師。上課，不許翹課。

電影《艋舺》裡有一句經典台詞：
風往哪個方向吹，草就要往哪個方向倒。
年輕的時候，我也曾經以為自己是風，
可是最後遍體鱗傷，我才知道我們原來都是草。

金聖嘆是草嗎？不，他是「浪」。

西元 1660 年，吳縣縣令任維初暴力執法，
逼迫老百姓繳納錢糧雜稅，熱血中年金聖嘆憤怒了，
寫了篇《哭廟文》怒斥任維初，結果反被誣告，被判了死刑。

在大牢裡，
金聖嘆給家人寫了封遺書。

鹽菜與黃豆同吃，大有胡桃滋味。此法一傳，吾無遺恨矣！
——金聖嘆（孤獨的美食家）

在刑場，他給兒子出了副對聯：

蓮（憐）子心中苦
梨（離）兒腹內酸
——愛你的父親

他頭顱被砍下的那一刻，他的左、右耳各滾出一個紙團，
上面分別寫著：「好」、「疼」。

他就是金聖嘆，
一個集才華、裝腔、正義、傲嬌、浪蕩
於一身的男子。

金聖嘆

　　明末清初著名文學家和文學批評家，主要成就是對文學作品的點評，對《水滸傳》、《西廂記》、《左傳》等書及杜甫等人的詩都有點評，將《離騷》、《莊子》、《史記》、杜甫詩集、《水滸》和《西廂記》稱為「六才子書」。金聖嘆提高了通俗文學的地位，使小說戲曲與傳統經傳詩歌並駕齊驅，是中國白話文學運動的先驅，在中國文學史上占有重要地位。

《西廂記》

　　又稱《王西廂》、《北西廂》或《崔鶯鶯待月西廂記》，是元代王實甫創作的著名雜劇。它主要講述的是：窮書生張生跟相國家小姐崔鶯鶯一見鍾情，然而，這段感情並沒有得到其他人的認可……後來在崔鶯鶯的侍女紅娘的幫助下，再加上張生高中狀元，兩人終於可以在一起。古代講究門當戶對，身分地位懸殊的男女在一起，那是要被檢舉的。所以，《西廂記》給各位愛卿放閃的同時，更是批判了封建禮教對青年人的束縛。

蒲松齡：這位寫鬼故事的落榜生，卻贏得了所有華人的掌聲！

在中國的歷史上，有一個經常聽人「說鬼話」、
寫大尺度文章的人，他就是蒲松齡！

【這人生，刺激啊！】

要不是被生活打臉打得疼，哪個孩子沒事愛自黑呢？
說起來，蒲松齡原本也是個身心健康發展的好學生，
雖然家道中落，又遇上改朝換代，但憑藉著過人的天賦，
在求學的道路上，他成績好，也很謙虛。
比如，村裡的富人想找他寫東西，但他一個小孩又憑什麼呢？
蒲松齡就這麼說道——

而吾邑名公巨手，適漸以凋零，故搢紳士庶，貴耳賤目，
亦或鬭牛而以犢耕。日久不堪其擾，
因而戲索酒餌，意藉此以止之。
——《聊齋自序》

清朝的科舉考試包括

童試（包括縣試、府試和院試三個階段）、鄉試、會試和殿試。

大家都知道，那時候考試規定超嚴格，考試就考八股文，

不僅僅是「詩歌與散文體裁除外」這麼簡單。

但蒲松齡是逢考試就腦洞大開的類型，

看到命題作文，就抑制不住自己內心的激情。

大家都說命運會玩弄人，它玩你的時候會先把你捧得高高的。

院試的時候，蒲松齡就交了篇小說上去，

其他考生可不敢這麼胡鬧，偏偏當時的考官施閏章不死板，

對文章很有追求，看到這麼獨特的作文，

立刻打了 100 分。

不是我吹，看這篇文的時候，它就好像在對我說：「嗨起來，嗨起來。」

施閏章

翩翩起舞～

觀書如月，運筆如風，有掉臂遊行之樂。

——施閏章批語

再加上前面縣試、府試都拿了第一，

19 歲的蒲松齡看似前途一片光明，

彷彿可以立刻出任 CEO。

然而——

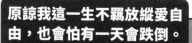

原諒我這一生不羈放縱愛自由，也會怕有一天會跌倒。

出道即巔峰

只是蒲松齡沒想到會跌倒的「這一天」來得那麼快。

【落榜，真不是我的錯】

蒲松齡還不知道閱卷老師的口味對一個人的前途影響有多大，

直到鄉試落榜，大家都認為，這可能是蒲松齡發揮失常。

這在考場上也是常見的事情，畢竟鄉試是更重大的考試。

然而，蒲松齡一路落榜到 72 歲。

掐指一算，蒲松齡明年又要落榜。

其實閱卷老師背後的康熙更喜歡八股文，
閱卷老師又沒有施閏章那種勇氣，
可是蒲松齡不懂得投其所好，考官黑，官場也黑，
所以，各位愛卿你們懂的。

再次強調蒲松齡是逢考試就腦洞大開的考生，
所以紙經常不夠他寫，他寫作文常常超過規定的 800 字，
這麼「超過」能拿高分才怪。

你說蒲松齡不努力嗎？但他卻寫下了如下大名鼎鼎的自勉聯：

有志者事竟成，破釜沉舟，百二秦關終屬楚；

苦心人天不負，臥薪嘗膽，三千越甲可吞吳。

但很顯然，這片土壤不合適他。

這樣的情景，蒲松齡當然要黑一下官場。

我哪有說科舉的什麼壞話，不過是在《聊齋志異》裡寫了什麼《考弊司》、《餓鬼》、《鳳仙》……數下來也才 3、40 篇啊。

^ ~ #
#
$
%
比劃～
比劃～

黑著黑著，蒲松齡大概也覺得沒什麼意思，

這麼黑好像他自己成了「酸葡萄大師」。

於是，他就自黑了一下，寫了篇《責白髭文》，

表面上是罵自己長了白鬍子，實際上──

努力有什麼用呢，我也沒那麼努力，就是鬍子有點白，頭有點禿。

ZSTV

朕　說

老蒲

胡說八導

「我變強了，也變禿了。」

但正如現在，要實現逆襲，科舉是比較簡單直接的途徑，

所以蒲松齡還是繼續複習。

再加上蒲松齡是真的真的真的窮，家裡好的土地都被他嫂子搶了，

平常飲食也就鹹菜配粥，想吃條青魚都感嘆太貴了。

你都看兩個鐘頭了，再不買我就要收攤了！

我先看看。

你到底買不買？

雖然烹飪不盡致，儉吻一見流清涎。

二月初來價騰貴，妄意饞嚼非所暨。——《青魚行》

不過，蒲松齡的腦洞也會用在生活上。

據說有一次，蒲松齡家裡來了朋友，

蒲松齡想盡辦法，想給朋友做一頓好吃的。

他實在買不起大魚大肉，於是就發揮了創造力：

清炒韭菜鋪著兩個蛋黃，他說這是「兩個黃鸝鳴翠柳」；

柳葉加細鹽，他說這是「一行白鷺上青天」；

清炒豆腐渣，他說這是「窗含西嶺千秋雪」；

水煮刻成小船模樣的冬瓜，他說這是「門泊東吳萬里船」。

即便如此，蒲松齡還是一邊備考一邊當老師。

他雖看重科舉，但也沒有完全投入其中，

而是把更多的精力放在自己的興趣上——完成《聊齋志異》。

【清朝封殺他】

清政府對蒲松齡實行了封殺。

要說封殺原因，

一方面是由於《聊齋志異》某些內容尺度太大。

現在那些大尺度的書跟《聊齋志異》相比，簡直是小兒科。

但是蒲松齡的重點根本不在那裡，

而是人心跟鬼獸一樣可怕。

而且看《聶小倩》、《嬰寧》等，誰不喜歡這些勇敢追求愛情的女孩呢？要知道當時女孩子被壓抑得腳都只能是三寸金蓮。

另一方面，就是蒲松齡「很不老實」，

一天到晚在鬼怪故事裡暗示清政府哪兒哪兒不對，

社會多麼多麼黑暗，幾乎每篇文章的結尾都要帶上

「異史氏曰」，好像不吐槽就不快樂。

清政府一想，這樣下去就是「煽動民眾」，那還得了？

馬上送了蒲松齡一個封殺令。

《聊齋志異》被禁，賣不出去，結果蒲松齡就還是窮。

可是，蒲松齡那麼會寫，能忍嗎？

他一人開了兩個分身帳號自黑，扮演窮神跟自己對話——

窮神，窮神，我與你有何親？……我央你離了我的門，不怪你棄舊迎新。

——蒲松齡《除日祭窮神文》

只要學鄙吝……治田園，長子孫。

——蒲松齡《窮神答文》

古往今來，能這樣自黑自嘲、

保持自我的人不多，蒲松齡算一個。

在蒲松齡生命快到盡頭的時候，

國家居然還給了他一個安慰獎，給個小官讓他做。

但這有什麼用呢？蒲松齡的志氣早就放在了另一個地方。

幾百年後，有個人跟他一樣，

愛抨擊那些不對的人、不對的事，他叫魯迅。

對，我真覺得《聊齋志異》寫得好。

《聊齋志異》……別敘畸人異行，出於幻域，頓入人間；

偶述瑣聞，亦多簡潔，故讀者耳目，為之一新。

——魯迅

蒲松齡

　　清朝著名文學家、短篇小說家,被世人稱為「聊齋先生」,是中國清初文言短篇小說集《聊齋志異》的作者。蒲松齡除創作《聊齋志異》外,還創作了許多詩文、戲劇、俚曲,以及農業、醫藥相關的著作,諸如《日用俗字》、《農桑經》、《藥祟書》等。

八股文

　　也稱「時文」或「八比文」,是明清科舉考試制度所規定的文體。其實八股文相當於各位愛卿常寫的議論文,只是寫作要求更苛刻,規矩很多,而且規定得很死。八股文由破題、承題、起講、入題、起股、中股、後股和束股八部分組成,從起股到束股的四個部分,每個部分都有兩股排比對偶的文字,合起來共八股,所以稱「八股文」。八股文的題目一律出自「四書」,所論內容也要以宋代朱熹的《四書集注》等書為根據,不能自由發揮。

納蘭性德：會寫情詩的男生超級帥！

提到納蘭性德這個名字，
可能大部分人隱約會有點印象。

啊，朕知道，就那個整天喜歡
寫一些情情愛愛的詞人。

嘎嘎嘎嘎嘎（但黃桑你看過他這麼
多情詩，為什麼還是單身）？

但稍微瞭解過他的故事的人，
或許更喜歡用另一個名字稱呼他——納蘭容若。
納蘭性德，字容若，清代詞人。

納蘭容若的一生就是一部生動的「肥皂劇」。
他父親是清朝武英殿大學士。武英殿大學士是什麼概念呢？
就是核心領導成員。

但納蘭容若的性格就和他的名字一樣，溫柔純真卻又有點孩子氣。

他從來沒想過依靠父親的地位、關係，

而是憑自己實力，18 歲中舉，22 歲當上進士，

蟬聯多屆「你最喜愛的詞人」NO.1。

生活在官宦世家的納蘭容若，並不能完全掌握自己的命運。

在 20 歲那年，聽眾父母安排的他碰到了最最常見的——

政治聯姻。

他的聯姻對象盧氏，出身同樣非常不簡單。

盧氏的父親是大名鼎鼎的兩廣總督。

那麼問題來了：盧氏是個什麼樣的人呢？

驕橫的豪門小姐還是足不出戶的花瓶，

抑或是婚後勤勞的好媳婦呢？

都不是。

她是一名真正的才女，

自幼生活在兩廣總督這樣的家庭裡，

盧氏自然琴棋書畫樣樣精通。

沒有啦，也就懂得一點點而已，
比不上納蘭公子博學多才。

夫人生而婉孌，性本端莊，貞氣天情，恭容禮典。
明璫佩月，即如淑女之章；曉鏡臨春，自有夫人之法。
幼承母訓，嫻彼七襄；長讀父書，佐其四德。
——葉舒崇《皇清納臘室盧氏墓誌銘》

對於父母安排的這位結婚對象，
納蘭容若內心還是有一點點抗拒，
但盧氏就很喜歡這個老公啊！

俗話說，女追男，隔層紗。
面對抗拒自己的納蘭容若，
盧氏就很機智地選擇了一種方法：
溫水煮青蛙。

納蘭容若寫詞的時候，盧氏便捧著詩書在一邊靜靜地看。

納蘭容若作曲，她便撫琴。

有時兩人也會坐在一起喝酒，相對無言。

夫妻倆的婚後生活平平淡淡，就像多年熟識的老朋友。

納蘭容若完全沒在妻子身上感受到束縛，

兩人彷彿天生的靈魂伴侶般相配。

等到納蘭容若察覺，他才發現自己再也離不開盧氏了。

納蘭容若看著一直默默陪伴自己的妻子，

不知不覺，眼中便升騰起一陣柔情。

那納蘭容若是怎麼寫自己的婚後生活的呢？

他曾經無比羨慕李清照與趙明誠的愛情，

羨慕夫妻兩人讀書喝茶的愜意生活。沒想到現在他也全擁有了。

賭書消得潑茶香。——納蘭性德《浣溪沙》

甚至還變成了你儂我儂，

你幫我抓抓背，我幫你塗指甲油。

他深夜不睡覺，偷偷跑去摘鳳仙花，

閃瞎了無數圍觀的單身狗。

哼，給老婆拿包包是天經地義的。

看到沒有，結完婚的人都好可憐啊。

單身的人又怎麼知道我有多開心。

春蔥背癢不禁爬，十指摻摻剝嫩芽。
憶得染將紅爪甲，夜深偷搗鳳仙花。
——納蘭性德《和元微之雜憶詩》

大家千萬別忘記這是一部「肥皂劇」，當然少不了「狗血」啊！

正當納蘭容若剛剛愛上妻子，一切突然就變了。

因為難產和產後受寒，盧氏香消玉殞。

失去妻子的納蘭容若深受打擊，一下子彷彿變了一個人，

天天以酒澆愁，以詞悼念。

都說喜歡是放肆，
愛是克制。
為什麼我克制了，
卻還是這麼痛苦……

家裡不得不為他重新找了一個妻子，但納蘭容若是一個專情的人，

不然也寫不出「一生一代一雙人」這種句子。

一生一代一雙人，爭教兩處銷魂。

——納蘭性德《畫堂春》

雖然他也試過在第二個妻子身上

尋找盧氏的影子，但一切只是徒勞而已，

再也沒有人能走入他的心，他無法忍受沒有盧氏的生活。

半世浮萍隨逝水
一宵冷雨葬名花

人生若只如初見該多好……

半世浮萍隨逝水，一宵冷雨葬名花。
　　——納蘭性德《山花子》

浮生如此，別多會少，不如莫遇。
　　——納蘭性德《水龍吟》

這種備受煎熬的日子整整持續了 8 年，
不堪打擊的納蘭容若終於染上了頑疾，
在 31 歲那年也追隨盧氏而去了。
令人驚嘆的是，他雖然沒有和盧氏同月同日生，
卻是和她同月同日死的（農曆 5 月 30 日）。

老婆，9 年前我沒有陪你到最後，現在我終於能和你在一起了⋯⋯

沒人知道在這 8 年裡，失去盧氏的納蘭容若是怎樣度過的。

也許在每一個無眠的夜晚，他都會拿出那年新婚夜的酒杯，

倒上一杯酒追憶往日的夫妻美好。

在納蘭容若的心中，盧氏才是最懂自己的那個人，

累了能一起喝酒一起暢談，下班回家能看到熱騰騰的飯菜，

這些平淡的生活往往才是最珍貴的。

說多少次了，每次喝酒只能喝一杯！

想當初還有一個人勸我，可是現在，什麼都沒了啊。

被酒莫驚春睡重，賭書消得潑茶香，當時只道是尋常。

——納蘭性德《浣溪沙》

知識站

納蘭性德

　　原名納蘭成德，因避諱太子保成而改名納蘭性德，清初著名詞人。納蘭性德的詞以「真」取勝，寫景傳神，詞風清秀雋麗，哀感頑豔，格高韻遠，頗似南唐後主李煜的詞風。著有《納蘭詞》。

清詞三大家

　　指納蘭性德、朱彝（一ˊ）尊和陳維崧（ㄙㄨㄥ），也被稱為「康熙詞壇三鼎足」，因為後代學者多認為康熙詞壇為清代詞壇鼎盛時期，因此常將「康熙詞壇三鼎足」稱為「清詞三大家」。

曹雪芹：《紅樓夢》能有今天，全靠各位粉絲支持！

求推薦小說，要求內容包含官鬥＋言情＋醫學＋哲學＋食譜＋養生＋服飾鑒賞＋罵人不帶髒字教學……

這次需求這麼簡單嗎？拿去不謝。

能寫出這麼厲害的書，
作者自然也不是普通人，但在紅學界，
疑似《紅樓夢》作者的人多達 65 位，
且至今還沒個定論。

身為大眾認定的第一作者曹雪芹，要想穿越回現代收版稅，
大概能急到當場得腦血栓。

你說你是《紅樓夢》作者？你能證明《紅樓夢》是你寫的嗎？

這不是寫著
了嗎？

曹雪芹

後因曹雪芹於悼紅軒中
批閱十載，增刪五次，
纂成附錄，分出章回，
又題曰《金陵十二釵》
並題一絕。

噢，那你能證明你就是曹雪芹嗎？

真慘，今天就說說曹雪芹給他點安慰吧。

從古至今，

有份穩定的工作一直是大眾的追求。

在現代，人們選擇考公務員，而在古代，

人們選擇的是參加科舉考試。

當無數夜晚孩子們被逼著學習、在科舉之路上苦苦掙扎、
鬼哭狼嚎時，曹雪芹家中卻傳來了陣陣笑聲。

小朋友，你是否有很多問號？

原因無他，有錢爾。生於豪門的曹雪芹，在祖母的溺愛下，
不愛上課就不上，不想參加科舉考試就不參加，
反正又不是養不起，快樂就完事。

今天也努力了，我好感動！

少年曹雪芹

日課表

待辦事項：玩

不過好日子在曹雪芹 13 歲時就到頭了。
那年的元宵節前，家被雍正說抄就抄了，
雖說當事人沒出什麼事。

欠下了一屁股債，家族光景是一日不如一日，
不僅老爹深受打擊，沉迷喝酒表示不想努力了，
家奴還趁機斂財，讓家裡雪上加霜。
在這種情況下，就得有一個人撐起來，
曹雪芹無疑就成了那個希望。

好在曹雪芹小時候雖不愛上課但很愛看書，
家裡都是文化人，在那樣的藝術氣氛薰陶下，
他的才華和文學素養都挺實在的。
所以，在代替鹹魚老爹出來應酬時，
曹雪芹吸引了不少大佬主動加關注，
等乾隆上位後還混上了個小公務員職位。

職位雖小，卻不影響曹雪芹發光發熱。
那些關注他的大佬逐漸發現曹雪芹是個創作人材，
隨手分享的故事都很有意思，
久而久之成了曹雪芹的粉絲，找他催稿。

老兄，你看天邊那朵雲，
像不像你該發文的樣子。

不僅如此，在看到別人出小說時，
粉絲們建議曹雪芹也跟上熱潮，趕緊寫書。
曹雪芹尋思有點道理，二話不說開始動筆，
這才有了《紅樓夢》的雛形——《風月寶鑑》。

只不過正經工作的職位太小，工資滿足不了家族開銷，
曹雪芹還得靠賣畫以及朋友接濟過日子，一邊寫書一邊打工。

兩頭都費力，卻兩頭都沒見什麼成效。

眼盯著朋友圈有各界名流，

自己人到中年卻混成這副模樣，他能不憂鬱嗎？

當局者迷，旁觀者清。大家早就看出

曹雪芹壓根兒就不是賺錢的料，

而且身為罪臣之後，當官這條道必然是走不通的，

勸他不如專心寫文。

曹雪芹一聽好像確實是這個道理，
既然大家都這麼說了，還工什麼作，直接閉關寫稿子去了。
10 多年後，《紅樓夢》誕生了。

快完稿前，曹雪芹決定回趟老家故地重遊，
休息休息再寫稿。
不料回來後他剛準備收心寫稿，就遇上了兒子夭折。
他深受打擊，不久便去世了。

在清朝，皇帝們對文字管控得還挺嚴，
一個字寫得不對可能就會被抄家，上至「叛逆」《水滸傳》，
下至「手工大全」《天工開物》，都進了禁書目錄。

而《紅樓夢》這種集各種隱喻與嘲諷於一身的小說，
居然沒被當場燒掉，並流傳下來，
不得不說是一個文學奇跡，
而這份奇跡能誕生全靠了曹雪芹的超威粉絲團——

那麼多滿洲八旗貴族粉絲在背後撐腰更新，
皇帝自然也不好拿這本書怎麼樣。

蛋  是

只是貴族間傳閱，
怎麼能滿足粉絲那想向全天下分享的心？
於是最強粉絲悄然出現——

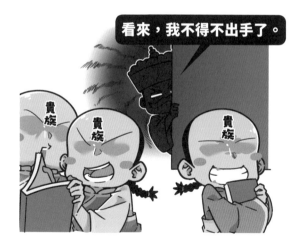

他靠著一張臉與才華俘獲皇帝的愛，
甘願冒著被砍頭的風險找人線上幫忙刪除敏感詞歸納整理，
然後一步到位直接推薦給皇帝，
最後讓這本書得以出版，在民間流傳開來。
沒錯，他就是——

曹雪芹《紅樓夢》，高廟末年，和珅以呈上，然不知所指。

高廟閱而然之曰：「此蓋為明珠家作也。」後遂以此書為明珠遺事。

———趙烈文《能靜居筆記》

靠著粉絲的努力，我們才能看到現在的——

（真）百科全書、（假）言情小說《紅樓夢》。

餓了，看它，其中的各色美食會讓你更餓；

渴了，看它，頻頻出現的喝酒飲茶描寫會讓你更渴；

睏了，看它，奢華富貴的場景描寫會讓你窮得壓根兒不敢睡。

甚至美妝服飾搭配都可以學一學，
雖然買不起，但能提高審美。

雖然關於《紅樓夢》的作者之爭至今仍沒有定論，

就連第一順位作者曹雪芹的出生、身分、經歷也都有著各種說法，

但這也從側面證明了《紅樓夢》的強大，

讓大家不敢相信這是一個人就能寫出的書，

所以對它的研究還在繼續，《紅樓夢》的密碼也等待大家來解開。

接下來，就看大家的表現了。

期待有粉絲研究好食譜，
以後朕一定上門幫你品鑒。

知識站

曹雪芹

　　中國古典四大名著之一《紅樓夢》前 80 回的作者。曹雪芹早年在南京江甯織造府親歷了一段錦衣富貴的生活。西元 1728 年，曹家因虧空獲罪而被抄家，曹雪芹隨家人回到北京生活。經歷了人生的重大轉折，曹雪芹深感世態炎涼，對封建社會有了更深刻的認識。他蔑視權貴，遠離官場，但性格豁達，毅力頑強，不畏艱辛創作出《紅樓夢》這部不朽之作。

江甯織造

　　內務府（管理宮廷事務的機構）設在南京的機構，負責辦理宮廷綢緞服裝並採買各種御用物品，與蘇州織造、杭州織造並稱「江南三織造」，共同管理江南地區的織造業務。